Reihe *leicht gemacht*®

Herausgeber:
Professor Dr. Hans-Dieter Sc
Richter am AG Dr. Peter-Hel

BetrVG

leicht gemacht

Das Betriebsverfassungsgesetz
verständlich – kurz – praxisorientiert

3., überarbeitete Auflage

von

Arno Schrader
Rechtsanwalt und Fachanwalt für Arbeitsrecht

Ewald v. Kleist Verlag, Berlin

Besuchen Sie uns im Internet:
www.leicht-gemacht.de

Autoren und Verlag freuen sich über Ihre Anregungen

Umwelthinweis: Dieses Buch
wurde auf chlorfrei gebleichtem Papier gedruckt
Gestaltung: M. Haas, www.haas-satz.berlin; J. Ramminger, Berlin
Druck & Verarbeitung: Druck und Service GmbH, Neubrandenburg

ISBN 978-3-87440-331-3

Inhalt

I. Der Geltungsbereich des BetrVG

II. Die Organe der Betriebsverfassung

III. Die Mitwirkungs- und Mitbestimmungsrechte

IV. Serviceteil

Übersichten

I. Der Geltungsbereich des BetrVG

Lektion 1: Das Recht der Mitbestimmung

Arbeitnehmer können auf verschiedene Arten am Betrieb oder Unternehmen beteiligt werden.

Das kann zum einen eine Vermögensbeteiligung und zum anderen eine Beteiligung an Entscheidungen sein.

Fall 1

Der Jungunternehmer und Jurastudent Daniel Dax betreibt ein Internetportal. Er ist so erfolgreich, dass er drei weitere Kommilitonen beschäftigt. Auf einer Besprechung einigt sich Daniel Dax mit seinen Angestellten auf Folgendes: Falls weitere Mitarbeiter benötigt werden, entscheiden die vier mehrheitlich über die Neueinstellungen. Außerdem erhält jeder der drei eine Ertragsbeteiligung von 2 % des Umsatzes. Liegt eine Mitbestimmung i.S.d. Betriebsverfassungsgesetzes vor?

Unter Mitbestimmung wird die gesetzlich vorgesehene Beteiligung der Arbeitnehmer an Entscheidungen im Betrieb und Unternehmen verstanden.

Übersicht 1: Arbeitnehmerbeteiligung

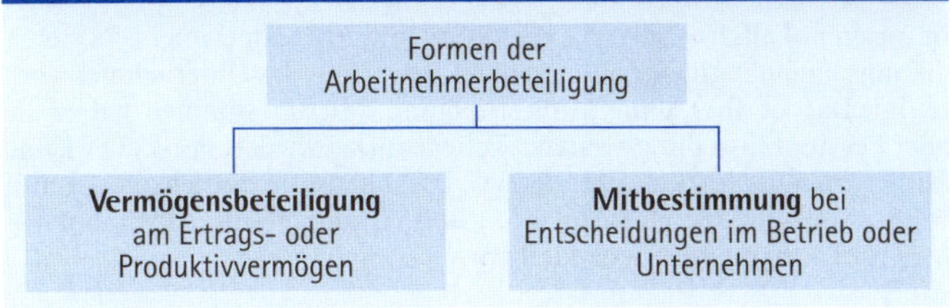

Ein Unternehmen i.S.d. Mitbestimmungsrechts setzt sich aus verschiedenen Betrieben zusammen. Bei der Unternehmensmitbestimmung werden Arbeitnehmer in die nach dem jeweiligen Gesellschaftsrecht vorgesehenen Organe von Kapitalgesellschaften entsandt, beispielsweise den Vorstand oder Aufsichtsrat.

In den Betrieben werden Betriebs- oder Personalräte (Öffentlicher Dienst) und Sprecherausschüsse (mindestens zehn leitende Angestellte) gebildet.

Die Regelungen für

- **Betriebsräte** sind im Betriebsverfassungsgesetz (BetrVG),
- **Personalräte** in den Personalvertretungsgesetzen und
- **leitende Angestellte** im Sprecherausschussgesetz normiert.

Das BetrVG ermöglicht eine **kollektive Beteiligung** (merke: kollektives Arbeitsrecht!) der Arbeitnehmer an Entscheidungen im Betrieb. Andernfalls könnte der Arbeitgeber sämtliche Entscheidungen allein treffen. Die betriebsverfassungsrechtlichen Organe, insbesondere der Betriebsrat, nehmen dabei vor allem die Interessen der Belegschaft in ihrer Gesamtheit war. Lesen Sie bitte § 1 Abs. 1 S. 1 und § 2 Abs. 1 BetrVG.

Leitsatz 1

Mitbestimmung

Mitbestimmung ist die gesetzlich vorgesehene **Beteiligung der Arbeitnehmer** an Entscheidungen im Betrieb und Unternehmen.

In unserem **Fall 1** werden die drei Kommilitonen von Daniel Dax durch die umsatzabhängigen Zahlungen am Vermögen des Unternehmens beteiligt. Das ist aber keine Mitbestimmung. Mitzubestimmen haben sie aber bei der Einstellung weiterer Kollegen. Das wiederum ist aber keine Mitbestimmung im Sinne des BetrVG. Dann hätte ein Betriebsrat gewählt werden müssen. Nach § 1 Abs. 1 S. 1 BetrVG sind hierfür jedoch mindestens fünf Arbeitnehmer erforderlich.

Und welche Rechte hätte ein Betriebsrat? Lesen Sie bitte § 92 Abs. 1 S. 1 und § 99 Abs. 1 S. 1 BetrVG. In jedem Fall ist er zumindest zu unterrichten.

Es handelt sich also um keine Mitbestimmung nach dem BetrVG.

Übrigens: Wenn in diesem Buch Paragrafen zitiert werden, ist im Folgenden immer das BetrVG gemeint.

Sinnvoll ist es, wenn Sie jeden zitierten Paragrafen sofort nachschlagen und lesen. So können Sie sich leicht in kürzester Zeit im BetrVG zurecht finden.

Übersicht 2: Einrichtungen des BetrVG

§ 7 bis § 41 BetrVG	**Betriebsrat**
§ 42 bis § 46 BetrVG	**Betriebsversammlung**
§ 47 bis § 53 BetrVG	**Gesamtbetriebsrat**
§ 53 BetrVG	**Betriebsräteversammlung**
§ 54 bis § 59a BetrVG	**Konzernbetriebsrat**
§ 60 bis § 71 BetrVG	**Jugend- und Auszubildendenvertretung**
§ 72 bis § 73b BetrVG	**Jugend- und Auszubildendenversammlung im Gesamtunternehmen und Konzern**

Die Entstehung der Mitbestimmung

Nun wollen wir uns kurz mit den historischen Grundlagen der Mitbestimmung beschäftigen.

Die Zeit vor 1920

Bereits 1848 behandelte die verfassungsgebende Nationalversammlung einen Minderheitenentwurf einer Gewerbeordnung. In dieser sollte unter anderem der Unternehmerwillkür Grenzen durch die Vorgesetztenwahl und durch eine paritätische Besetzung der einzurichtenden Gewerbekammern gesetzt werden. Nach Aufhebung der Sozialistengesetze 1891 konnten Arbeiterausschüsse auf freiwilliger Basis gegründet werden. Im preußischen Berggesetz wurde 1905 die Einführung von Arbeiterausschüssen in Bergbauunternehmen mit mehr als 1000 Beschäftigten verankert. 1916 gab es Arbeiterausschüsse für alle kriegs- und versorgungswichtigen Unternehmen mit mehr als 50 Beschäftigten. Diese Ausschüsse hatten bereits ein Anhörungsrecht in sozialen Angelegenheiten.

Die ersten Betriebsräte

Am 4. Februar 1920 wurde erstmals eine reichseinheitliche gesetzliche Grundlage für die Betriebsverfassung durch das Betriebsrätegesetz (BRG) normiert. Ein echtes Mitbestimmungsrecht, das heißt die Bindung des Arbeitgebers an die Zustimmung der Betriebsvertretungen, war nur in geringem Umfang festgelegt. Nach der nationalsozialistischen Machtübernahme 1933 wurde das Betriebsrätegesetz durch das Gesetz zur Ordnung der nationalen Arbeit (AOG) abgelöst. Das Gesetz legte die Betriebsverfassung entsprechend dem nationalsozialistischen Gedankengut auf die Grundlagen des Führerprinzips fest. Der Betriebsführer leitete den Betrieb, ihm stand beratend ein Vertrauensrat zur Seite, der jedoch nicht berechtigt war, Vereinbarungen mit dem Betriebsführer zu schließen. Zudem wurde die Auflösung der Gewerkschaften betrieben. Nach dem Zusammenbruch 1945 wurde das AOG aufgehoben. Der Kontrollrat erließ 1946 das Kontrollratsgesetz Nr. 22 (Betriebsrätegesetz). Es wurde die Bildung von Betriebsräten nach dem Muster der Weimarer Zeit erlaubt. Im Jahr 1951 kam das Montan-Mitbestimmungsgesetz (MontanMitbestG) für die Montanindustrie hinzu. Betriebe des Bergbaus und der eisen- und stahlerzeugenden Industrie mit mehr als 1000 Mitarbeitern hatten einen Aufsichtsrat paritätisch mit Arbeitnehmervertretern und Arbeitgebervertretern zu besetzen (paritätische Mitbestimmung).

Das BetrVG

Am 11. Oktober 1952 kam dann endlich das BetrVG. Mit diesem Gesetz wurden Regelungen zur Mitbestimmung in Unternehmen eingeführt. Bei Gesellschaften mit beschränkter Haftung, die mehr als 500 Mitarbeiter beschäftigten und bei Aktiengesellschaften wurde ein Drittel der Aufsichtsratsmitglieder von den Arbeitnehmern gewählt. Der Betriebsrat hatte abgestufte Beteiligungsrechte in wirtschaftlichen, personellen und sozialen Angelegenheiten. **Das BetrVG 1952 wurde durch das BetrVG vom 15. Januar 1972 (BetrVG 1972) ergänzt.** Es wurde die Mitbestimmung im sozialen und personalen Bereich und der Schutz des Betriebsrates ausgebaut. Die Stellung der Gewerkschaft und der einzelnen Arbeitnehmer wurde gestärkt. Das Mitbestimmungsgesetz von 1976 führte eine Mitbestimmung auf der Unternehmensseite außerhalb der Montanindustrie in Kapitalgesellschaft mit mehr als 2000 Beschäftigten ein. Auch in der Folgezeit wurde das BetrVG ständig geändert, gewandelt und weiterentwickelt.

Übersicht 3: Mitbestimmung seit 1920

1920	**Betriebsrätegesetz** (BRG)
1946	**Kontrollratsgesetz Nr. 22** (Betriebsrätegesetz)
1951	**Montan-Mitbestimmungsgesetz** (MontanMitbestG)
1952	**BetrVG 1952**
1972	**BetrVG 1972**
1976	**Mitbestimmungsgesetz**

Lektion 2: Der räumliche, persönliche und sachliche Geltungsbereich

Nun sehen wir uns an, wann Sie das BetrVG anwenden.

Räumliche und sachliche Geltung

Fall 2

Daniel Dax hat Glück: Sein Unternehmen wächst, blüht und gedeiht. Mittlerweile hat er 30 Arbeitnehmer in Vollzeit, sieben geringfügig beschäftigte Aushilfen und einen Betriebsleiter. Weitere fünf Computerspezialisten beschäftigt er in seinem selbstständigen Betrieb in Ungarn. Auf welche Mitarbeiter findet das BetrVG Anwendung?

Das BetrVG gilt für alle inländischen Betriebe. Dabei ist es egal, welche Nationalität oder Staatsangehörigkeit der Arbeitgeber oder die Arbeitnehmer haben. Deshalb findet es auch keine Anwendung auf Betriebe deutscher Unternehmen im Ausland. Es gilt das Territorialitätsprinzip. Ausnahme: Arbeitnehmer werden nur vorübergehend in einem im Ausland gelegenen Betrieb eines deutschen Unternehmens beschäftigt. Wenn sie normalerweise in einem Betrieb in Deutschland tätig sind, behalten sie ihre Rechte nach dem BetrVG.

Sachlich gilt das BetrVG für alle Betriebe der Privatwirtschaft. Nach § 130 findet es nämlich ausdrücklich keine Anwendung auf den öffentlichen Dienst.

Für Schifffahrts- und Luftfahrtsunternehmen gelten ebenfalls Besonderheiten. Lesen Sie bitte die §§ 114 bis 117. Das muss man nicht unbedingt in allen Einzelheiten wissen, aber man sollte schon einmal davon gehört haben. Da Sie nun schon bis § 117 gelesen haben, lesen Sie bitte auch die Ausnahmen für „Tendenzbetriebe und Religionsgemeinschaften“ in § 118.

Beispiele für Tendenzbetriebe: Gewerkschaften, Arbeitgeberverbände, politische Parteien, Privatschulen, Tageszeitungen und Verlage.

Tendenzbetriebe

Betriebe und Unternehmen mit Tendenzcharakter fallen nur eingeschränkt unter das BetrVG.

Dies sind Betriebe, die unmittelbar und überwiegend

- politischen,
- koalitionspolitischen,
- konfessionellen,
- karitativen,
- erzieherischen,
- wissenschaftlichen oder
- künstlerischen

Bestimmungen oder Zwecken der Berichterstattung oder Meinungsäußerung dienen.

Sinn der Regelung ist es, die grundgesetzlich garantierte geistig-ideelle Ausrichtung der Unternehmen vor einer Beeinträchtigung zu schützen. Im Grundgesetz finden sich hierzu die Artikel 4, 5, 7, 9 Abs. 3 und 21.

Die geistige Zielsetzung muss unmittelbar sein. Es reicht also nicht aus, wenn die genannten Ziele nur unterschützt werden.

Tendenzunternehmen müssen keinen Wirtschaftsausschuss nach den §§ 106 bis 110 bilden. Der Unternehmer ist auch nicht verpflichtet, über die wirtschaftlichen Angelegenheiten zu unterrichten. Auch bei Betriebsänderungen beschränkt sich die Beteiligung des Betriebsrats auf den Abschluss eines Sozialplans. Der Unterschied zu sonstigen Unternehmen besteht darin, dass insbesondere der Abschluss eines Interessenausgleichs nichtmals versucht werden muss.

Im Übrigen findet das Betriebsverfassungsgesetz insoweit Anwendung, als die **Eigenart des Betriebs oder Unternehmens nicht entgegensteht**. Hierzu haben sich verschiedene Theorien entwickelt. Letztendlich führen sie in einer Zusammenschau mit der Rechtsprechung des Bundesarbeitsgerichts dazu, dass in Tendenzunternehmen die organisatorischen und allgemeinen Vorschriften des BetrVG ohne Einschränkung zur Anwendung kommen. Das gilt insbesondere für die Beteilungsrechte des Betriebsrats in sozialen Angelegenheiten und bei allgemeinen personellen Maßnahmen. **Einschränkungen existieren jedoch bei personellen Einzelmaßnahmen.** So spricht zum Beispiel bei einer Versetzung von Tendenzträgern eine Vermutung für die Tendenzbedingtheit einer solchen Maßnahme. Dagegen sind die Unterrichtungs- und Anhörungsrechte des Betriebsrats bei personellen Maßnahmen grundsätzlich nicht ausgeschlossen. Insbesondere ist der Betriebsrat vor Ausspruch einer Kündigung zu hören.

Religionsgemeinschaften

Weiterhin findet das BetrVG keine Anwendung auf Religionsgemeinschaften und ihre karitativen erzieherischen Einrichtungen.

Die evangelische und die römisch-katholische Kirche haben jedoch auf **freiwilliger Basis** Mitarbeitervertretungen geschaffen. **Wirtschaftsbetriebe** der Kirchen, wie beispielsweise eine bayerische Brauerei, können aber unter das Betriebsverfassungsgesetz fallen. Viele kirchliche Träger hingegen wehren sich bis heute, Betriebsräte zuzulassen.

Persönlicher Geltungsbereich

Persönlich erfasst das Betriebsverfassungsgesetz **alle Arbeitnehmer** des Betriebes. Dabei ist es egal, ob sie im Außendienst tätig sind oder nur als gelegentliche Aushilfen. Auch Auszubildende zählen dazu.

§ 5 Abs. 2 und Abs. 3 erfasst aber auch wichtige Ausnahmen: So zählen betriebsverfassungsrechtlich insbesondere Geschäftsführer einer GmbH nicht dazu. Gleiches gilt für Ehegatten, Lebenspartner und Verwandte und Verschwägerte des ersten Grades, die in häuslicher Gemeinschaft mit dem Arbeitgeber leben. Und denken Sie daran: Lebenspartner bedeutet nicht

Lebensgefährte oder Ähnliches. Es ist der Partner nach dem Lebenspartnerschaftsgesetz gemeint, also eine gleichgeschlechtliche Person.

Seit 2009 gelten als Arbeitnehmer auch Beamte, Soldaten sowie Arbeitnehmer des öffentlichen Dienstes einschließlich der zu ihrer Berufsausbildung Beschäftigten, die in Betrieben privatrechtlich organisierter Unternehmen tätig sind.

Für **leitende Angestellte** gilt das BetrVG nur, wenn es ausdrücklich bestimmt ist, so in §§ 75 Abs. 1 , 105, 107 Abs. 1 S. 2, 108 Abs. 1 S. 2.

Die leitenden Angestellten werden nämlich vom Betriebsrat nicht mit repräsentiert. Daher finden die allgemeinen Regelungen über die Mitwirkung und Mitbestimmung des Betriebsrats in personellen Angelegenheiten auf leitende Angestellte keine Anwendung.

Eine Definition für diese Gruppe findet sich in § 5 Abs. 3 BetrVG. Leitender Angestellter ist danach, wer nach Arbeitsvertrag und Stellung im Unternehmen und im Betrieb

1. zur selbständigen Einstellung und Entlassung von im Betrieb oder in der Betriebsabteilung beschäftigten Arbeitnehmern berechtigt ist oder

2. Generalvollmacht oder Prokura hat und die Prokura auch im Innenverhältnis zum Arbeitgeber nicht unbedeutend ist oder

3. regelmäßig sonstige Aufgaben wahrnimmt, die für den Bestand und die Entwicklung des Unternehmens oder eines Betriebs von Bedeutung sind und deren Erfüllung besondere Voraussetzungen und Kenntnisse voraussetzt, wenn er dabei entweder die Entscheidungen im wesentlichen frei von Weisungen trifft oder sie maßgeblich beeinflusst.

Im Zweifel ist leitender Angestellter, wer

1. aus Anlass der letzten Wahl des Betriebsrats, des Sprecherausschusses oder von Aussichtsratsmitgliedern der Arbeitnehmer oder durch rechtskräftige gerichtliche Entscheidung den leitenden Angestellten zugeordnet worden ist, oder

2. einer Leitungsebene angehört, aus der in dem Unternehmen überwiegend leitende Angestellte vertreten sind, oder

3. ein regelmäßiges Arbeitsentgelt erhält, das für leitende Angestellte in dem Unternehmen üblich ist, oder

4. falls auch bei der Anwendung der Nr. 3 noch Zweifel bleiben, ein regelmäßiges Jahresarbeitsentgelt erhält, das das 3-fache der Bezugsgröße nach § 18 des 4. Buches Sozialgesetzbuch überschreitet.

Der § 105 sieht die Verpflichtung des Arbeitgebers vor, den Betriebsrat über Einstellungen und personelle Veränderungen leitender Angestellter zu informieren. Damit wird dem berechtigten Informationsbedürfnis des Betriebsrats Rechnung getragen.

Ein besonderes Problem ergibt sich bei Leiharbeitnehmern. Sind es gem. § 5 Abs. 1 Arbeitnehmer des Betriebes? Lesen Sie bitte § 14 Arbeitnehmerüberlassungsgesetz (AÜG).

Kurz gesagt: Leiharbeitnehmer bleiben Arbeitnehmer des Verleihers. Sie dürfen im Entleihbetrieb wählen, sind dort aber selber nicht wählbar. Die Wahlberechtigung besitzen sie – wie alle anderen Arbeitnehmer – aber gem. § 7 erst dann, wenn sie länger als drei Monate im Betrieb eingesetzt werden.

Leitsatz 2

Das BetrVG: räumlich, sachlich, persönlich

Das BetrVG gilt für **alle inländischen Betriebe** der Privatwirtschaft, mit **Ausnahmen** für Religionsgemeinschaften, Tendenzbetriebe, Schifffahrts- und Luftfahrtsunternehmen.

Das BetrVG erfasst **sämtliche Arbeitnehmer** eines Betriebes mit **Ausnahmen** für leitende Angestellte, Organvertreter und die weiteren in § 5 Abs. 2 BetrVG genannten Personen.

Die Leitsätze sind Zusammenfassungen der Lektionen. Sie ahnen sicherlich schon, dass Sie sich die Leitsätze des Buches einprägen sollten. Sie können sich dann ganz einfach den Inhalt einer Lektionen ins Gedächtnis zurückrufen.

Zu unserem Fall 2: Das BetrVG gilt also für alle Arbeitnehmer von Daniel Dax, die in Deutschland tätig sind, auch für die sieben Aushilfen. Der Betriebsleiter fällt dann nicht darunter, wenn er leitender Angestellter ist, also z.B. selbstständig für Einstellungen und Entlassungen zuständig ist. Im Werk in Ungarn hingegen gilt das BetrVG nicht, selbst wenn die dort ständig Beschäftigten deutscher Staatsangehörigkeit sein sollten.

Übersicht 4: Geltungsbereich des BetrVG

Das BetrVG gilt:	Achtung bei:
Räumlich: für sämtliche inländische Betriebe	Auslandsberührung: Es gilt das Territorialitätsprinzip.
Sachlich: in Betrieben der Privatwirtschaft, mit Ausnahmen für Religionsgemeinschaften, Tendenzbetriebe, Schifffahrts- und Luftfahrtsunternehmen.	Öffentlich-rechtlichen Institutionen, die Betriebe der Privatwirtschaft betreiben: Es gilt das BetrVG! (z.B. die „Stadtmarketing-GmbH" der Stadt XY)
Persönlich: für sämtliche Arbeitnehmer eines Betriebes mit Ausnahmen für leitende Angestellte, Organvertreter und die weiteren in § 5 II BetrVG genannten Personen	Leiharbeitnehmern (§ 14 AÜG)

Die Übersichten sind genauso wichtig wie die Leitsätze. Versuchen Sie bitte, die Tabellen aus dem Gedächtnis zu rekonstruieren.

II. Die Organe der Betriebsverfassung

Nun machen wir uns näher mit den Organen der Betriebsverfassung vertraut.

Lektion 3: Die Wahl des Betriebsrats

Das wichtigste Organ ist der Betriebsrat. Bevor wir uns mit den einzelnen Rechten und Pflichten des Betriebsrats beschäftigen, wollen wir uns den Ablauf einer Betriebsratswahl ansehen. Die Regelungen dazu finden Sie nicht nur im BetrVG sondern auch in der Wahlordnung (WahlO).

Übrigens: Vor Beginn einer neuen Lektion lesen Sie bitte die Leitsätze der vorhergehenden Lektion nochmals. Das ermöglicht Ihnen eine ständige Wiederholung und einen maximalen Lernerfolg.

Fall 3

Wie bereits bekannt, hat Daniel Dax mittlerweile 37 Arbeitnehmer und einen Betriebsleiter. Hinzu kommt noch der Leiharbeitnehmer Michael Mietkus, der schon seit 12 Monaten im Betrieb arbeitet. Fünf Arbeitnehmer von Daniel Dax wollen nun einen Betriebsrat gründen und Michael Mietkus für den Betriebsrat vorschlagen. Es dies rechtlich möglich?

Voraussetzungen für die Wahl eines Betriebsrats

Betriebsräte können nach § 1 in Betrieben mit i.d.R. wenigstens fünf ständig wahlberechtigten Arbeitnehmern gewählt werden, wenn mindestens drei Arbeitnehmer selber wählbar sind.

Dies gilt auch für gemeinsame Betriebe mehrerer Unternehmen. Ein gemeinsamer Betrieb mehrerer Unternehmen wird vermutet, wenn

- zur Verfolgung arbeitstechnischer Zwecke die Betriebsmittel sowie die Arbeitnehmer von den Unternehmen gemeinsam eingesetzt werden oder
- die Spaltung eines Unternehmens zur Folge hat, dass von einem Betrieb ein oder mehrere Betriebsteile einem an der

Spaltung beteiligten anderen Unternehmen zugeordnet werden, ohne dass sich dabei die Organisation des betroffenen Betriebs wesentlich ändert.

Die erstmalige Wahl zu einem Betriebsrat findet nur dann statt, wenn

- vom vorhandenen Betriebsrat,
- der Belegschaft,
- einer im Betrieb vertretenen Gewerkschaft oder
- vom Gesamt- oder Konzernbetriebsrat

eine entsprechende Initiative ausgeht.

Der Zeitraum für die Wahlen

Die Wahlen finden nach § 13 alle vier Jahre in der Zeit vom 1. März bis 31. Mai statt. Gleichzeitig wählen die leitenden Angestellten ihren Sprecherausschuss.

Natürlich kann es auch passieren, dass eine unvorhergesehene Wahl außerhalb dieses Zeitpunktes stattfinden muss.

Das ist der Fall, wenn

- kein Betriebsrat besteht,
- die Belegschaft um mehr als die Hälfte, mindestens aber um 50 Arbeitnehmer gestiegen oder gesunken ist,
- der bisherige Betriebsrat zurückgetreten ist,
- die Wahl erfolgreich angefochten wurde,
- das Arbeitsgericht den Betriebsrat auflöst oder
- die Mitgliederzahl des Betriebsrats nach Eintreten der Ersatzmitglieder unter die gesetzliche Mindestzahl sinkt.

Übersicht 5: Zeitpunkt der Betriebsratswahlen

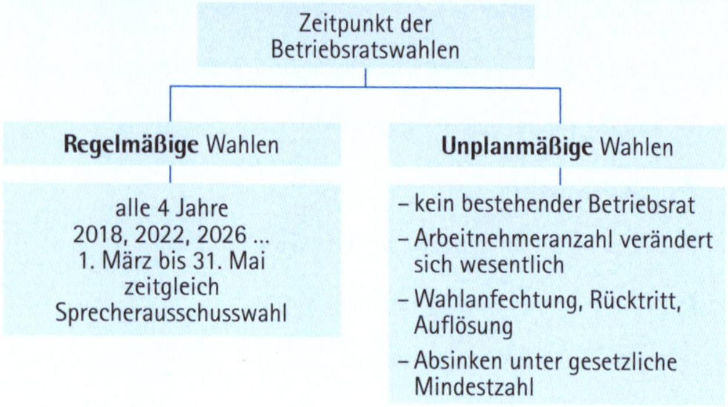

Die Größe des Betriebsrats

Die Größe des Betriebsrates ist in § 9 zwingend vorgeschrieben. Sie richtet sich nach der Belegschaftsstärke am Tag der Ausgabe des Wahlausschreibens.

Es kommt dabei auf die Zahl der in der Regel beschäftigten Arbeitnehmer an. Sie können sich leicht vorstellen, dass es hierbei immer wieder zu Streitfällen kommt. Nach Rechtsprechung des Bundesarbeitsgerichts sind bei der Berechnung der Belegschaftsstärke auch vorhersehbare Veränderungen auf Grund konkreter Entscheidungen des Arbeitgebers zu berücksichtigen.

Nach § 5 Abs. 1 zählen alle Arbeiter und Angestellte einschließlich der zu ihrer Berufsausbildung Beschäftigten mit. Dazu gehören auch Außendienstmitarbeiter, Tele-Arbeitnehmer und in Heimarbeit Beschäftigte.

Wer nicht dazu zählt lesen Sie in § 5 Abs. 2, 3 und 4. Das sind beispielsweise GmbH-Geschäftsführer und leitende Angestellte, wenn sie zur selbstständigen Einstellung und Entlassung berechtigt sind.

Leiharbeitnehmer zählen nach der Rechtsprechung des BAG bei der Berechnung der Beschäftigtenzahl ebenfalls nicht mit.

Es ergeben sich damit folgende **Größen** des Betriebsrates.

Wahlberechtigte Arbeitnehmer	Betriebsratsgröße
5 - 20	1
21 - 50	3
51 - 100	5
101 - 200	7
201 - 400	9
401 - 700	11
701 - 1000	13
1001 - 1500	15
...	...
7001 - 9000	35
Mehr als 9000 Arbeitnehmer	Die Zahl erhöht sich für je angefangene weitere 3000 Arbeitnehmer um zwei Mitglieder

(Auszug, für die Einzelheiten siehe § 9)

Aktives und passives Wahlrecht

Nach § 7 Abs. 1 sind alle Arbeitnehmer des Betriebs wahlberechtigt. Sie müssen allerdings das 18. Lebensjahr vollendet haben. Dazu gehören nach § 7 Abs. 2 auch Leiharbeitnehmer eines anderen Arbeitgebers, wenn sie länger als drei Monate im Entleiher-Betrieb eingesetzt werden.

Aktiv wahlberechtigt sind nicht:

- Altersteilzeitler, die sich bereits in der Freistellungsphase befinden, und
- leitende Angestellte.

Passiv wählbar sind alle Wahlberechtigten, die am Wahltag sechs Monate dem Betrieb angehört haben. Das gilt nicht für Leiharbeitnehmer (§ 14 Abs. 2 AÜG) und wiederum nicht für Altersteilzeitler in der Freistellungsphase.

Leitsatz 3

Aktives und passives Wahlrecht

Aktives Wahlrecht	Passives Wahlrecht
Alle Arbeitnehmer, die mindestens 18 Jahre alt sind	Alle Arbeitnehmer, die länger als sechs Monate dem Betrieb angehören und mindestens 18 Jahre alt sind
Altersteilzeitler in der Arbeitsphase	Altersteilzeitler in der Arbeitsphase
Leiharbeitnehmer	

Die Zusammensetzung

- Der Betriebsrat soll sich möglichst aus Arbeitnehmern
- der einzelnen Organisationsbereiche und
- der verschiedenen Beschäftigungsarten

zusammensetzen.

Wenn der Betriebsrat aus mehr als drei Mitgliedern besteht, muss nach § 15 Abs. 2 das Geschlecht,

- das in der Belegschaft in der Minderheit ist,
- mindestens entsprechend seinem zahlenmäßigen Verhältnis

im Betriebsrat vertreten sein.

Die Verteilung der Betriebsratssitze auf Frauen und Männer erfolgt nach § 5 WahlO entsprechend dem d'Hondtschen System.

Beispiel:

In einem Betrieb mit 130 Arbeitnehmern werden 108 Männer und 22 Frauen beschäftigt. Zu wählen sind sieben Betriebsratsmitglieder.

Nun werden die Zahlen der Männer und Frauen nebeneinander gestellt und beide zunächst durch 1, dann durch 2, 3, 4 usw. geteilt. Die Ergebnisse werden jeweils unter die Ursprungszahl gesetzt. Diese Sitzverteilung entspricht der Verteilung der höchsten Ergebniszahlen.

Männer	Frauen	Geteilt durch
108	22	1
54	11	2
36	7,3	3
27	5,5	4
21,6	4,4	5
18	3,7	6
7,7	1,6	7

Von den sieben höchsten Zahlen entfallen sechs auf die Männer-, eine auf die Frauen-Reihe. Bei gleichen Zahlen entscheidet das Los (§ 5 WahlO).

Die Männer erhalten in diesem Beispiel also sechs Sitze, die Frauen einen Sitz.

Nun zu dem Betrieb von Daniel Dax und unserem Ausgangsfall 3: Der Betrieb hat 37 Arbeitnehmer. Der Betriebsleiter ist nicht hinzu zu zählen, wenn er selbstständig zur Einstellung und Entlassung von Arbeitnehmern berechtigt ist. Dann darf er auch nicht mitwählen oder sich wählen lassen. Bei 37 Arbeitnehmern ist ein drei-köpfiger Betriebsrat zu wählen. Der Leiharbeitnehmer Michael Mietkus darf zwar mitwählen, sich selber jedoch nicht wählen lassen. Da er länger als drei Monaten im Betrieb tätig ist, hat er das aktive aber nicht das passive Wahlrecht. Der Betrieb hat nicht mehr als 50 Arbeitnehmer, sodass im vereinfachten Wahlverfahren gewählt werden kann. Auf der ersten Wahlversammlung kann also der Wahlvorstand gewählt werden und auf der zweiten direkt der Betriebsrat. Da der Betriebsrat aus drei Mitgliedern bestehen wird, ist die Frauenquote zu beachten.

Die Durchführung der Wahl

Sie unterscheiden zwischen

- dem Regelwahlverfahren und
- dem so genannten vereinfachten Wahlverfahren.

In Betrieben mit mehr als 50 wahlberechtigten Arbeitnehmern kommt das Regelwahlverfahren zur Anwendung. Der Arbeitgeber kann mit dem Wahlvorstand in Betrieben mit 51 bis 100 Wahlberechtigten die Anwendung des vereinfachten Wahlverfahrens vereinbaren.

Das Regelwahlverfahren

Im **Regelwahlverfahren** wird zunächst ein Wahlvorstand bestimmt. Wenn bereits ein Betriebsrat existiert, bestellt dieser den Wahlvorstand. Andernfalls ist es auch in einer Betriebsversammlung durch die Mehrheit der anwesenden Arbeitnehmer möglich.

Der Wahlvorstand hat die Betriebsratswahl unverzüglich einzuleiten, sie durchzuführen und das Wahlergebnis festzustellen (§ 18 Abs. 1 BetrVG, § 1 Abs. 1 WahlO).

Die Wählerlisten

Der Wahlvorstand stellt zunächst **Wählerlisten** auf. Das ist eine Liste aller Wahlberechtigten getrennt nach Geschlechtern.

Das Wahlausschreiben

Spätestens sechs Wochen vor dem ersten Tag der Stimmabgabe erlässt der Wahlvorstand ein **Wahlausschreiben**. Mit diesem Ausschreiben wird die Wahl eingeleitet. Vereinfacht gesagt ist das die Aufforderung, Wahlvorschläge einzureichen. Lesen Sie bitte § 3 WahlO.

Die Vorschlagslisten

Sodann sind Vorschlagslisten von den wahlberechtigten Arbeitnehmern innerhalb von zwei Wochen beim Wahlvorstand schriftlich einzureichen (§ 6 WahlO). Der Wahlvorstand prüft die Vorschlagslisten und nimmt Beanstandungen vor.

Die Wahl

Sodann erfolgt die geheime schriftliche Wahl.

Im Anschluss hat der Wahlvorstand zunächst anhand der Wählerlisten die Geschlechterquote abstrakt zu errechnen festzulegen. Sind zwei oder mehr gültige Vorschlagslisten eingereicht worden, wird der Betriebsrat nach § 15 Abs. 1 bis 3 WahlO nach den Grundsätzen der **Verhältniswahl** (Listenwahl) gewählt. Falls dagegen nur eine gültige Vorschlagsliste eingereicht wurde, wird der in dieser Vorschlagsliste aufgeführte Bewerber nach den Grundsätzen der **Mehrheitswahl** gewählt.

Jeder Wahlberechtigte kann so viele Kandidaten auf der Liste ankreuzen, wie Sitze zu besetzen sind. Die zu vergebenen Betriebsratssitze werden entsprechend der erreichten Stimmenzahl auf die einzelnen Wahlbewerber verteilt.

Vereinfachtes Wahlverfahren

Im vereinfachten Wahlverfahren für kleine Betriebe wird in einem zweistufigen Verfahren gewählt. Auf der ersten Wahlversammlung wird der Wahlvorstand gewählt. Auf der zweiten direkt der Betriebsrat in geheimer und unmittelbarer Wahl. Diese Wahlversammlung findet eine Woche später statt.

Die Kosten der Wahlen

Sämtliche erforderlichen Kosten trägt der Arbeitgeber nach § 20 Abs. 3.

Wahlanfechtung und Nichtigkeit

Rechtsfehlerhafte Betriebsratswahlen können vor dem Arbeitsgericht angefochten werden. Das kommt dann in Betracht, wenn gegen wesentliche Vorschriften über das Wahlrecht, die Wählbarkeit oder das Wahlverfahren verstoßen worden ist. Ausnahme: Durch den Verstoß konnte das Wahlergebnis weder geändert noch beeinflusst werden.

Die Nichtigkeit der Wahlen kann von jedermann zu jeder Zeit und in jeder Form geltend gemacht werden. Dafür muss jedoch ein so grober und offensichtlicher Verstoß gegen wesentliche Grundsätze vorliegen, dass nicht einmal der Anschein einer dem Gesetz entsprechenden Wahl vorliegt.

Nichtigkeit und Anfechtbarkeit müssen also auseinander gehalten werden. Bei der Anfechtbarkeit ist in § 19 zu schauen, bei der Nichtigkeit gilt der § 19 nicht, d.h. die Nichtigkeit kann von jedermann, zu jeder Zeit und in jeder Form geltend gemacht werden. Die Nichtigkeit wirkt rückwirkend (ex tunc). Ein Betriebsrat ist nicht existent, der aufgrund einer nichtigen Wahl errichtet wurde. Die Anfechtung dagegen wirkt erst ab ihrem Ausspruch (ex nunc). Ohne Anfechtungsverfahren existiert also der Betriebsrat. Für beide Verfahren gilt, dass der Sonderkündigungsschutz entfallen kann. Die Mitglieder des Betriebsrats behalten dann aber trotzdem den Kündigungsschutz als Wahlbewerber.

Beispiele für die Nichtigkeit der Betriebsratswahl:

- Wahl eines Betriebsrats durch Nichtarbeitnehmer

- Bildung eines Betriebsrats in einer Betriebsversammlung spontan durch Zuruf
- Offene Terrorisierung der Belegschaft während des Wahlaktes
- Wahlen ohne Wahlvorstand
- Wahl eines Betriebsrats in einem nicht betriebsratsfähigen Betrieb
- Willkürliche Zusammenziehung mehrerer selbständiger Betriebe zu einem Betrieb
- Wahl eines Betriebsrats für einen Betriebsteil, obwohl bereits ein Betriebsrat existiert
- Wahl des Betriebsrats außerhalb des regelmäßigen Wahlzeitraums, ohne das eine der Ausnahmeregelungen vorliegt
- Wahl einer Person in den Betriebsrat, die offensichtlich kein Arbeitnehmer des Betriebs ist
- Vorzeitige Öffnung der Wahlurne in Verbindung mit nicht öffentlicher Stimmauszählung
- Wahl bei einem nicht mehr vollzähligen Wahlvorstand ohne Aufstellung einer Wählerliste und ohne Wahlausschreiben

Leitsatz 4

!

Die Betriebsratswahl

Betriebsräte können in Betrieben mit i.d.R. wenigstens **fünf** ständig wahlberechtigten **Arbeitnehmern** gewählt werden, wenn mindestens drei Arbeitnehmer selber wählbar sind.

Die Wahlen finden **alle vier Jahre** statt.

Die Größe des Betriebsrates richtet sich nach der Belegschaftsstärke. Es sind alle volljährigen Arbeitnehmer des Betriebs **wahlberechtigt**. Dazu gehören auch Leiharbeitnehmer, wenn sie länger als drei Monate eingesetzt werden.

Wählbar sind alle Wahlberechtigten, die am Wahltag sechs Monate dem Betrieb angehört haben. Das gilt nicht für Leiharbeitnehmer und nicht für Altersteilzeitler in der Freistellungsphase.

Wenn der Betriebsrat aus mehr als drei Mitgliedern besteht, müssen **Frauen und Männer** anteilig im Betriebsrat vertreten sein.

Es wird zwischen dem **Regelwahlverfahren** und dem so genannten **vereinfachten Wahlverfahren** in Kleinbetrieben unterschieden.

Übersicht 6: Regelwahlverfahren der Betriebsratswahl

Bestellung des Wahlvorstands

▼

Erste Sitzung des Wahlvorstands

▼

Aufstellung der Wählerliste

▼

Abstimmung mit dem Sprecherausschuss

▼

Vorbereitung des Wahlausschreibens

▼

Wahlausschreiben (Einleitung der Wahl)
Auslegung der Wählerliste und Wahlordnung

▼

Einreichung der Wahlvorschläge

▼

Prüfung der Wahlvorschläge und Mängelbeseitigung

▼

Bekanntgabe der Wahlvorschläge

▼

Betriebsratswahl (Auszählung, Bekanntmachung)

▼

Konstituierende Sitzung

Einen sehr detaillierten und gut handhabbaren Ablaufplan der Betriebsratswahlen finden Sie hinten im Serviceteil. Er beginnt mit dem Ende der vorherigen Amtszeit und endet mit der Aufbewahrung der Wahlakten.

Lektion 4: Die Geschäftsführung

Nun ist im Betrieb von Daniel Dax ein Betriebsrat gewählt worden. Ob er sich wohl darüber freut? Denken Sie einmal kurz über die Vor- und Nachteile eines Betriebsrats aus Arbeitgebersicht nach.

Vor vielen Entscheidungen hat Daniel Dax nun den Betriebsart zu informieren oder sogar seine Zustimmung einzuholen. Er kann also nicht mehr alleine „herrschen". Lesen Sie an dieser Stelle bitte schon einmal den in der Praxis sehr wichtigen § 102 Abs. 1. Eine Kündigung ohne Betriebsratanhörung ist unwirksam!

Ein Betriebsrat kann aber auch handfeste Vorteile für Daniel Dax haben: In § 1 Abs. 5 Kündigungsschutzgesetz (KSchG) ist eine Vermutungswirkung festgelegt. Kurz gesagt: Einigt sich Daniel Dax mit seinem Betriebsrat auf einen Interessenausgleich, in dem die zu kündigenden Arbeitnehmer aufgeführt sind, erscheinen Kündigungsschutzklagen häufig aussichtslos. Vielfach kann Daniel Dax auch mit Unterstützung des Betriebsrats unpopuläre Entscheidungen viel leichter durchsetzen.

Aber dafür ist es erforderlich, dass im Betriebsrat eine ordnungsgemäße Geschäftsführung herrscht. Denken Sie nur daran, der Betriebsrat würde formell unwirksame Beschlüsse fassen.

Fall 4

Der neu gewählte Betriebsrat will sofort mit der Arbeit beginnen und wählt einen Vorsitzenden. Dieser kocht vor Wut, da ein neuer Tarifvertrag zwischen Gewerkschaft und Arbeitgeberverband mit Rückkehr zur 40-Stunden-Woche für den Betrieb von Daniel Dax vereinbart wurde. Er beruft eine öffentliche Betriebsratssitzung ein. Unter dem Punkt Verschiedenes werden folgende Beschlüsse mit einer ⅔-Mehrheit gefasst: Es bleibt bei der bisherigen 37-Stunden-Woche. Der Betriebsrat will sich deshalb durch einen Rechtsanwalt über Ansprüche gegen den Arbeitgeber beraten lassen. Der Arbeitgeber soll dafür einen Vorschuss von 1.000 € bereitstellen. Welche Schritte kann Daniel Dax unternehmen?

Die Mitglieder des Betriebsrats wählen gem. § 26 aus ihrer Mitte einen Vorsitzenden und einen Stellvertreter. Der Vorsitzende beruft die Sitzungen ein, legt die Tagesordnung fest und leitet die Verhandlungen.

Lesen Sie bitte die §§ 26, 29 und 30.

Nach § 26 Abs. 2 vertritt der Vorsitzende den Betriebsrat und ist zur Entgegennahme von Erklärungen berechtigt. Daniel Dax könnte also ein Anhörungsschreiben für die Kündigung eines seiner Arbeitnehmer nur dem Vorsitzenden übergeben.

Der Betriebsausschuss

Besteht der Betriebsrat aus neun oder mehr Mitgliedern, hat er einen Betriebsausschuss zu bilden (§ 27). Dieser erledigt die laufenden Geschäfte des Betriebsrat. Auch können ihm besondere Aufgaben vom Betriebsrat übertragen werden.

Der Betriebsausschuss besteht aus dem Betriebsratsvorsitzenden und dessen Stellvertreter sowie weiteren Mitgliedern. Deren Zahl richtet sich der Größe des Betriebsrats.

Die Sitzungen sind nicht öffentlich und finden gem. § 30 in der Regel während der Arbeitszeit statt.

Der Arbeitgeber ist vor jeder Sitzung zu verständigen. Ein Teilnahmerecht hat er allerdings nicht. Der Beauftragte einer im Betriebsrat vertretenen Gewerkschaft darf an der Sitzung beratend teilnehmen. Das gilt aber nur dann, wenn ein Viertel der Mitglieder des Betriebsrats dieses beantragen.

Der Betriebsratsbeschluss

Der Betriebsrat entscheidet durch Beschluss. Er ist nur beschlussfähig, wenn mindestens die Hälfte der Mitglieder an der Beschlussfassung teilnimmt. Verhinderte Mitglieder werden durch zu bestimmende Ersatzmitglieder vertreten.

Lesen Sie bitte § 25 BetrVG und § 15 Abs. 1 KSchG. Wenn ein Ersatzmitglied einmal tätig war, hat es besonderen Kündigungsschutz!

Die Beschlüsse werden gem. § 33 Abs. 1 in aller Regel mit der **Mehrheit** der Stimmen der anwesenden Mitglieder gefasst.

Wichtig ist aber, dass sie nur dann wirksam sind, wenn die Mitglieder des Betriebsrats vom Vorsitzenden rechtzeitig und unter Mitteilung der Tagesordnung geladen werden (§ 29 Abs. 2 S. 3).

Übersicht 7: Beschlussfassung

Rechtmäßiger Betriebsratsbeschluss

▼

Rechtzeitige Einladung

▼

Mitteilung der Tagesordnung

▼

Die Hälfte der Mitglieder haben an der Beschlussfassung teilgenommen

▼

Mehr als die Hälfte der abgegebenen Stimmen sind für den Beschluss

Aber was geschieht, wenn ein Beschluss diese Voraussetzungen nicht erfüllt? Wie immer: Wenn es keiner merkt, passiert nichts.

Falls aber doch, ist der Beschluss **nichtig**.

Das ist dann der Fall, wenn er

- unter Verletzung wesentlicher Verfahrensvorschriften zustande gekommen ist oder
- inhaltlich rechtswidrig ist.

Formelle Nichtigkeit liegt also beispielsweise vor, wenn keine ordnungsgemäße Ladung vorliegt, materielle Nichtigkeit, wenn der Beschluss gegen ein Gesetz oder einen Tarifvertrag verstößt.

Die Gültigkeit eines Betriebsratsbeschlusses kann durch einen entsprechenden Feststellungsantrag vom Arbeitsgericht überprüft werden. Das ist zum einen möglich im arbeitsgerichtlichen Beschlussverfahren (§§ 2a, 80 ff. Arbeitsgerichtsgesetz (ArbGG)) oder inzident in einem Urteilsverfahren (§§ 2, 46 ff. ArbGG). Letzteres ist zum Beispiel der Fall, wenn in einem Kündigungsschutzprozess die Rechtmäßigkeit eines Widerspruchs des Betriebsrats gegen eine Kündigung geprüft wird.

Die Kosten

Die durch die Betriebsratstätigkeit entstehenden Kosten trägt der Arbeitgeber (§ 40). Nach § 40 II hat er die für die laufende Geschäftsführung erforderlichen sachlichen Mittel und Räume zur Verfügung zu stellen. Es ist leicht vorstellbar, dass über diese Problematik immer wieder eine Vielzahl an Rechtsstreitigkeiten entbrannt sind.

Zu den Sachmitteln gehören beispielsweise die einschlägigen Gesetzestexte und Fachliteratur, insbesondere dieses Buch, ein aktueller Kommentar zum BetrVG und ein Telefon. Falls erforderlich, sind auch ein Telefaxgerät und ein Computer zu stellen.

Der Betriebsrat ist auch berechtigt, vom Arbeitgeber einen angemessenen Vorschuss für die ihm entstehenden Aufwendungen zu verlangen (Anspruchsgrundlage: § 40 BetrVG i.V.m. § 669 BGB).

Der Arbeitgeber hat darüber hinaus auch die Kosten zu tragen, die der gerichtlichen Durchsetzung von Rechten des Betriebsrats und seiner Mitglieder dienen. Er kann also im Einzelfall einen Rechtsanwalt hinzuziehen. Auch den Rechtsanwalt hat der Arbeitgeber dann zu bezahlen! Ob das Daniel Dax gefällt?

Mal etwas anderes: Haben Sie daran gedacht, die Paragrafen im Gesetz nachzuschauen? Sonst holen Sie das bitte nach.

Leitsatz 5

Die Organisation im Betriebsrat

Der Betriebsrat wählt aus seiner Mitte den **Vorsitzenden** und einen **Stellvertreter**. Der Vorsitzende vertritt den Betriebsrat, nimmt Erklärungen entgegen und beruft die Sitzungen ein. Die Beschlüsse des Betriebsrats werden i.d.R. mit **einfacher Mehrheit** gefasst. Die **Kosten** der Betriebsratsarbeit trägt der **Arbeitgeber**.

In unserem Fall 4 scheint also einiges nicht mit rechten Dingen zugegangen zu sein. Sehen wir uns die zwei Beschlüsse an: Es soll zunächst nicht tarifkonform mit 37,5 Stunden pro Woche gearbeitet werden. Der Beschluss ist materiell fehlerhaft, da er gegen einen (höherrangigen) Tarifvertrag verstößt. Der Vorschuss für einen Rechtsanwalt in dieser Angelegenheit dürfte deshalb auch schon nicht von § 40 gedeckt sein. Es handelt sich um keinen erforderlichen Rechtsstreit. Zudem wurde der Beschluss unter „Verschiedenes" gefasst, entgegen § 29 Abs. 2 S. 3. Eine Beschlussfassung ist in einem solchen Fall nur dann möglich, wenn alle Betriebsratsmitglieder anwesend sind und zustimmen. Das war aber nicht so. Und was ist mit der Tatsache, dass eine öffentliche Betriebsratssitzung entgegen § 30 S. 4 stattgefunden hat? Das ist kein Nichtigkeitsgrund, da es sich nicht um eine wesentliche Verfahrensvorschrift handelt. Der Arbeitgeber Daniel Dax kann nun also vor das Arbeitsgericht ziehen. Im Beschlussverfahren (§§ 2a, 80 ff. ArbGG) werden die Arbeitsrichter dann zu seinen Gunsten entscheiden und feststellen, dass die Beschlüsse nichtig sind.

Übersicht 8: Wahlablauf innerhalb des Betriebsrats

Betriebsrat wählt

Vorsitzenden und Vertreter	**Betriebsausschuss** (ab 9-köpfigem Betriebsrat)
Vertretung des Betriebsrats, nimmt Erklärungen entgegen und beruft Sitzungen ein	Führt laufende und übertragene Geschäfte

Lektion 5: Rechte und Pflichten der Betriebsratsmitglieder

Nun wissen Sie auch, wie der Betriebsrat arbeitet und seine Geschäfte führt.

Jetzt wollen wir uns mit der Rechtsstellung der Betriebsratsmitglieder beschäftigen.

Fall 5

Daniel Dax will auch weiterhin die 40-Stunden-Woche in seinem Betrieb mit Zustimmung des Betriebsrats durchsetzen. Er fragt seinen Rechtsanwalt, ob er den Betriebsrat nicht zu einem einwöchigen Cluburlaub auf Mallorca einladen kann, wenn dieser seine Zustimmung signalisiert. Wenn das alles nichts helfen sollte, will Daniel Dax sämtlichen Betriebsratsmitgliedern kündigen. Was wird der Rechtsanwalt raten?

Betriebsräte führen ein unentgeltliches Ehrenamt. Sie dürfen wegen ihrer Amtstätigkeit weder benachteiligt noch begünstigt werden.

Der Sinn und Zweck des Benachteiligungsverbotes dürfte offensichtlich sein. Aber warum dürfen Betriebsräte nicht begünstigt werden? Das Begünstigungsverbot will die Unabhängigkeit des Betriebsrats gegenüber dem Arbeitgeber und sonstigen Dritten sicherstellen.

Rechtsgeschäfte, die gegen diese Verbote verstoßen, sind nach § 78 BetrVG, § 134 BGB unwirksam. Es können Schadensersatzansprüche aus § 823 Abs. 2 BGB i.V.m. § 78 BetrVG entstehen. Und sogar eine Strafbarkeit ist vorgesehen: Nach § 119 Abs. 1 Nr. 3 kann mit Freiheitsstrafe bis zu einem Jahr oder Geldstrafe bestraft werden, wer Betriebsratsmitglieder benachteiligt oder begünstigt.

Freistellungsansprüche

Eines der wichtigsten Rechte von Betriebsräten ist das Recht auf Arbeitsfreistellung.

Es kann

- aus einem konkreten Anlass,
- auf Grund der Betriebsgröße oder
- zum Erwerb von erforderlichen und geeigneten Kenntnissen

entstehen.

Die Freistellung aus einem konkreten Anlass nach § 37 Abs. 2

Betriebsratsmitglieder sind von ihrer Arbeitspflicht ohne Minderung des Arbeitsentgelts zu befreien, soweit das zur Ausübung ihres Amtes erforderlich ist. Das gilt insbesondere für die Teilnahme an Betriebsratssitzungen und zum Abhalten von Sprechstunden. Entscheidend für die Erforderlichkeit ist es, ob ein vernünftiger Dritter bei gewissenhafter Abwägung aller Umstände die Arbeitsversäumnis für notwendig halten durfte.

Die Betriebsratsaufgaben ergeben sich vornehmlich aus dem BetrVG, häufig aber auch aus anderen Gesetzen wie zum Beispiel § 173 Abs. 1, SGB III, §§ 17, 19 Kündigungsschutzgesetz.

Der Arbeitgeber muss der Arbeitsbefreiung nicht zustimmen. Das Betriebsratsmitglied hat dem Arbeitgeber jedoch so früh wie möglich die Arbeitsbefreiung mitzuteilen und sich vor dem Verlassen des Arbeitsplatzes abzumelden. Dabei muss er den Grund der beabsichtigten Betriebsratstätigkeit nicht angeben. Selbst eine Betriebsratstätigkeit, die aus betriebsbedingten Gründen außerhalb der Arbeitszeit erfolgen muss, gilt als Arbeitsbefreiung, notfalls sogar gegen Mehrarbeitsvergütung.

Die Freistellung auf Grund der Betriebsgröße nach § 38

In größeren Betrieben fällt naturgemäß auch mehr Betriebsratstätigkeit an. Das geht so weit, dass Betriebsratsmitgliedern die Erfüllung ihrer arbeitsvertraglichen Pflichten unmöglich wird. Deshalb sieht das Gesetz die völlige Freistellung einer nach der Belegschaftsgröße gestaffelten Mindestanzahl von Betriebsratsmitgliedern vor.

Anzahl der Arbeitnehmer des Betriebs	Anzahl der freizustellenden Betriebsratsmitglieder
bis 200	0
201 bis 500	1
501 bis 900	2
901 bis 1500	3
1501 bis 2000	4
2001 bis 3000	5
3001 bis 4000	6
...	...
22001 bis 24000	19
Für jede weitere angefangenen 2000 Arbeitnehmer	ein weiteres Mitglied

Sinkt oder steigt die Zahl der Arbeitnehmer auf Dauer, so hat der Betriebsrat eine Anpassung der Zahl seiner von der Arbeit freigestellten Mitglieder vorzunehmen.

Die Freistellung zum Erwerb erforderlicher Kenntnisse nach § 37 Abs. 6

Betriebsratsmitglieder sind für die Teilnahme an Schulungs- und Bildungsveranstaltungen freizustellen, sofern diese Kenntnisse vermitteln, die für die Arbeit des Betriebsrats erforderlich sind.

Das gilt auch für Ersatzmitglieder, die in Vertretungsfällen häufig herangezogen werden.

Voraussetzung ist aber immer, dass Kenntnisse vermittelt werden, die für die konkrete Betriebsratsarbeit erforderlich sind. Sie können sich vorstellen, dass auch darüber immer wieder Streit entstanden ist und eine Vielzahl an Rechtsprechung zu einzelnen Seminarthemen und Schulungsveranstaltungen besteht.

Auch eine Begrenzung der Häufigkeit und Dauer der Teilnahme an Schulungsveranstaltungen sieht das Gesetz nicht vor. Der Betriebsrat hat das nach den Grundsätzen der Verhältnismäßigkeit abzuwägen.

Gewisse Grundkenntnisse des Betriebsverfassungsgesetzes und des allgemeinen Arbeitsrechts müssen alle Betriebsratsmitglieder besitzen. Fehlen diese, können sie an einem Grundkurs teilnehmen. Im Übrigen ist eine Aufgabenteilung zu erwarten. Nicht jedes Betriebsratsmitglied kann also jede Schulung in Anspruch nehmen.

Die Freistellung zum Erwerb geeigneter Kenntnisse nach § 37 Abs. VII

Neben diesem Freistellungsanspruch für Schulungs- und Bildungsveranstaltungen kann jedes Betriebsratsmitglied während seiner regelmäßigen Arbeitszeit einen dreiwöchigen Bildungsurlaub in Anspruch nehmen. Für neue Mitglieder beträgt der Anspruch sogar vier Wochen.

Im Gegensatz zum soeben besprochenen Anspruch auf Erwerb von erforderlichen Kenntnissen nach § 37 Abs. 6 ist der Anspruch nach § 37 Abs. 7 ein Individualanspruch. Es müssen nur nützliche Kenntnisse, nicht dagegen erforderliche Kenntnisse, vermittelt werden.

Entgeltfortzahlung

Bei jedem berechtigten Anspruch auf Freistellung von der Arbeit hat das Betriebsratsmitglied Anspruch auf Fortzahlung der Vergütung. Es gilt das Lohnausfallprinzip.

Es ist also vom Arbeitgeber die Vergütung weiter zu zahlen, die das Betriebsratsmitglied voraussichtlich bezogen hätte.

Betriebs- und Geschäftsgeheimnisse

Betriebsratsmitglieder haben also weitergehende Rechte als andere Arbeitnehmer. Die individuellen arbeitsvertraglichen Pflichten hingegen werden durch die Übernahme eines Betriebsratsamtes nicht erweitert.

Nach § 79 sind die Mitglieder und Ersatzmitglieder des Betriebsrats aber verpflichtet, Betriebs- und Geschäftsgeheimnisse, die ihnen wegen ihrer Zugehörigkeit zum Betriebsrat bekannt geworden sind nicht zu offenbaren und zu verwerten. Das gilt aber nur, wenn sie vom Arbeitgeber ausdrücklich als geheimhaltungsbedürftig bezeichnet worden sind.

Daneben gibt es eine Reihe weiterer Verschwiegenheitsverpflichtungen, beispielsweise in den §§ 82 Abs. 2, 83 Abs. 1, 99 Abs. 1 und 102 Abs. 2 Satz 5.

Aber selbst wenn Verschwiegenheitsverpflichtungen nicht in den vorstehenden Paragrafen genannt sind, ist der Betriebsrat zum Stillschweigen verpflichtet. Vorsätzliche Verletzungen können zum Ausschluss aus dem Betriebsrat nach § 23 und auch zu einer Schadenersatzverpflichtung führen.

Kündigungs- und Versetzungsschutz

Die Tätigkeit des Betriebsrats ist durch eine Beschränkung der Kündigungsmöglichkeiten geschützt. **Ordentliche Kündigungen sind nach § 15 Kündigungsschutzgesetz unzulässig.** Das gilt vom Zeitpunkt der Aufstellung des Wahlvorschlags an bis zum Ablauf eines Jahres nach Beendigung der Mitgliedschaft im Betriebsrat, bei nicht gewählten Bewerbern bis zum Ablauf von sechs Monaten nach Bekanntgabe des Wahlergebnisses.

Ebenfalls unzulässig ist die Kündigung eines Arbeitnehmers, der zu einer Betriebsversammlung einlädt oder die Bestellung eines Wahlvorstandes beantragt.

Unzulässig ist auch eine ordentliche Änderungskündigung.

Außerordentliche Kündigungen nach § 626 BGB sind nur mit Zustimmung des Betriebsrats wirksam nach § 103. Auch Ersatzmitglieder genießen während der Zeit ihrer Vertretung denselben Kündigungsschutz. Auch nach Ende der Vertretung wirkt der Kündigungsschutz nach.

Die Regelung des § 103 Abs. 3 schützt Betriebsratsmitglieder vor Versetzungen. Falls diese durch die Versetzung ihr Amt oder ihre Wählbarkeit verlieren wurden, ist die vorherige Zustimmung des Betriebsrats erforderlich.

Leitsatz 6

Rechte und Pflichten

Betriebsräte führen ein **unentgeltliches Ehrenamt**. Sie dürfen wegen ihrer Amtstätigkeit weder benachteiligt noch begünstigt werden.

Eines der wichtigsten Rechte von Betriebsräten ist das Recht auf **bezahlte Arbeitsfreistellung**. Es kann aus einem konkreten Anlass, auf Grund der Betriebsgröße oder zum Erwerb von erforderlichen und geeigneten Kenntnissen entstehen.

Betriebsräte sind zur **Verschwiegenheit** verpflichtet.

Sie genießen einen besonderen **Kündigungs- und Versetzungsschutz**.

In unserem Fall 5 wird der Rechtsanwalt raten, dass Daniel Dax seinen Betriebsrat besser nicht durch die Einladung zu einem Urlaub „bestechen“ sollte. Er würde die Betriebsratsmitglieder wegen ihrer Zugehörigkeit zum Betriebsrat begünstigen. Daniel Dax wird sich sogar nach § 119 Abs. 1 Nr. 3 strafbar machen. Sofern der Betriebsrat ein solches Angebot annehmen würde, kann die Auflösung des Betriebsrats nach § 23 Abs. 1 beantragt werden. Vielleicht aus Sicht von Daniel Dax die beste Lösung. Kündigen kann er nämlich die Betriebsratsmitglieder wegen des besonderen Kündigungsschutzes nicht.

Leitsatz 7

Freistellung der Betriebsratsmitglieder

§ 37 Abs. 2 BetrVG	**Aus konkretem Anlass**: zum Beispiel für Betriebsratssitzungen und Gespräche mit Arbeitnehmern
§ 38 BetrVG	Auf Grund der **Betriebsgröße**: zum Beispiel ab 200 Arbeitnehmern ein freizustellendes Mitglied
§ 37 Abs. 6 BetrVG	Zum Erwerb **erforderlicher Kenntnisse**: Teilnahme an Schulungs- und Bildungsveranstaltungen
§ 37 Abs. 7 BetrVG	Zum Erwerb **geeigneter Kenntnisse**: in der Regel einen dreiwöchigen Bildungsurlaub

Lektion 6: Weitere Gremien im BetrVG

Neben dem Betriebsrat auf betrieblicher Ebene kann es auch einen Gesamt- und Konzernbetriebsrat geben.

Das müssen Sie jedoch nicht in allen Einzelheiten wissen. Sie sollten aber schon einmal davon gehört haben.

Der Gesamt- und Konzernbetriebsrat

Fall 6

Daniel Dax besitzt nunmehr in Deutschland eine GmbH mit vier selbstständigen Betrieben sowie eine weitere KG mit einem eigenständigen Betrieb. In allen fünf Betrieben bestehen Betriebsräte. Die Betriebsratsvorsitzenden wollen näher zusammen arbeiten und überlegen, wie dies geschehen kann. Können Sie helfen?

Bestehen in einem Unternehmen mehrere Betriebsräte, so ist ein Gesamtbetriebsrat nach § 47 Abs. 1 zu bilden. Voraussetzung ist, dass für das Unternehmen ein einheitlicher Rechtsträger sowie eine einheitliche selbstständige Organisation besteht.

Der Gesamtbetriebsrat ist zuständig für alle Mitwirkungs- und Mitbestimmungsfragen, die das gesamte Unternehmen oder zumindest mehrere Betriebe betreffen und einer einheitlichen Regelung bedürfen. Seine Zuständigkeit erstreckt sich auch auf Betriebe ohne Betriebsrat.

Im Übrigen lesen Sie bitte die §§ 47 bis 53.

Der Konzernbetriebsrat

Regelungen zum Konzernbetriebsrat finden sich in den §§ 54 bis 59a. Konzerne bestehen aus verschiedenen Unternehmen. Hier sind „normale" Konzerne im Sinne des § 18 Abs. 1 Aktiengesetz gemeint. Gesamtbetriebsräte, die mehr als 50 Prozent der Arbeitnehmer repräsentieren, können einen Konzernbetriebsrat bilden.

Zuständig ist der Konzernbetriebsrat in den Angelegenheiten, die den ganzen Konzern oder mehrere Konzernunternehmen betreffen und nicht durch die einzelnen Gesamtbetriebsräte geregelt werden können. Das ist allerdings nur selten der Fall. Darüber hinaus ist er für Angelegenheiten zuständig, mit deren Behandlung er durch einen Gesamtbetriebsrat schriftlich betraut wird.

Leitsatz 8

Übergeordnete Betriebsräte

Mehrere Betriebsräte eines Unternehmens bilden einen **Gesamtbetriebsrat** (§ 47 ff. BetrVG). Mehrere Gesamtbetriebsräte eines Konzerns können einen **Konzernbetriebsrat** bilden (§ 54 ff. BetrVG). Auf europäischer Ebene kann ein **europäischer Betriebsrat** nach dem EBRG gegründet werden, ebenso wie für eine europäische Gesellschaft ein SE-Betriebsrat nach dem SEBG.

In unserem Fall 6 kann dem Betriebsratsvorsitzenden geholfen werden. Innerhalb der GmbH können die vier Unternehmen einen Gesamtbetriebsrat bilden. Dieser Gesamtbetriebsrat kann dann mit dem Betriebsrat der KG einen Konzernbetriebsrat bilden.

Übersicht 9: Betriebsräte des BetrVG

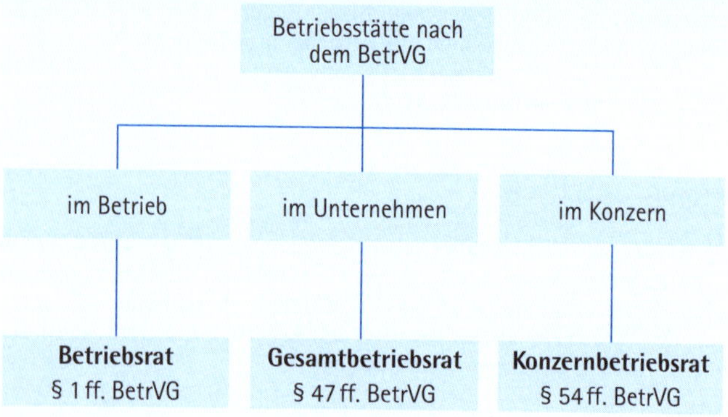

Jugend- und Auszubildendenvertretungen

Jugendliche und Auszubildende haben besondere Rechte in der Betriebsverfassung.

Fall 7

Im Betrieb des Daniel Dax gibt es nicht nur einen Betriebsrat, sondern auch zwei minderjährige Aushilfen und vier Auszubildende, die 18, 19, 20 und 27 Jahre alt sind. Der Auszubildende Max Schlau möchte wissen, ob eine Jugend- und Auszubildendenvertretung gewählt werden kann.

Die besonderen Belange der jugendlichen Arbeitnehmer und der Auszubildenden nimmt die Jugend- und Auszubildendenvertretungen nach § 60 wahr.

Leitsatz 9

Jugend- und Auszubildendenvertretungen

Die Jugend- und Auszubildendenvertretungen sind zur Wahrnehmung ihrer Aufgaben auf den Betriebsrat angewiesen. Deshalb ist das **Bestehen eines Betriebsrats** zwingende Voraussetzung für die Bildung einer solchen Vertretung.

Eine Vertretung für die Jugend- und Auszubildenden wird in Betrieben gewählt, in denen in der Regel mindestens **fünf Arbeitnehmer** beschäftigt sind, die das 18. Lebensjahr noch nicht vollendet haben oder zu ihrer Ausbildung beschäftigt sind und das 25. Lebensjahr noch nicht vollendet haben.

Wahlberechtigt sind ebenfalls alle jugendlichen Arbeitnehmer, die das 18. Lebensjahr noch nicht vollendet haben und Auszubildende, die das 25. Lebensjahr noch nicht vollendet haben. Wählbar sind alle Arbeitnehmer, die am Wahltag das 25. Lebensjahr noch nicht vollendet haben und nicht Mitglied im Betriebsrat sind.

Der Zeitpunkt der Wahl

Die Wahl findet nach § 64 alle zwei Jahre in der Zeit vom 1. Oktober bis 30. November statt. Damit kann in der Regel keine Überschneidung mit der Betriebsratswahl erfolgen.

Die Vorschriften über die Wahl des Betriebsrats sind nach § 63 Abs. 2 und 3 entsprechend anwendbar.

Die Zahl der Mitglieder ist ähnlich wie bei der Betriebsratswahl gestaffelt nach der Zahl der Beschäftigten jugendlichen Arbeitnehmer und Auszubildenden. Die verschiedenen Beschäftigungsarten und Ausbildungsberufe sollen vertreten sein.

Die Jugend- und Auszubildendenvertretung besteht in den Betrieben mit in der Regel

5 bis 20	Wahlberechtigten aus	einer Person
21 bis 50	Wahlberechtigten aus	3 Mitgliedern
51 bis 150	Wahlberechtigten aus	5 Mitgliedern
151 bis 300	Wahlberechtigten aus	7 Mitgliedern
301 bis 500	Wahlberechtigten aus	9 Mitgliedern
501 bis 700	Wahlberechtigten aus	11 Mitgliedern
701 bis 1000	Wahlberechtigten aus	13 Mitgliedern
mehr als 1000	Wahlberechtigten aus	15 Mitgliedern

Wenn die Jugend- und Auszubildendenvertretung aus mindestens drei Mitgliedern besteht, muss das Geschlecht, das unter den Wahlberechtigten in der Minderheit ist, mindestens entsprechend seinem zahlenmäßigen Verhältnis vertreten sein.

Die Amtszeit beträgt zwei Jahre und endet vorzeitig durch Amtsniederlegung, Beendigung des Arbeitsverhältnisses, Verlust der Wählbarkeit,

Wahlanfechtung oder Ausschluss aus der Vertretung oder Auflösung der Vertretung auf Grund einer gerichtlichen Entscheidung.

Die Jugend- und Auszubildendenvertretungen beruft einen Vorsitzenden und einen Stellvertreter. Der Vorsitzende beruft die Sitzungen ein, an denen der Betriebsratsvorsitzender oder ein beauftragtes Mitglied teilnehmen kann. Die Sitzungen sind nicht öffentlich und findet während der Arbeitszeit statt. Auch hier gelten die Vorschriften für den Betriebsrat entsprechend.

Leitsatz 10

Definition, Wahl und Geschäftsführung der Jugend- und Auszubildendenvertretung

Die Vertretung nimmt die besonderen Belange der jugendlichen Arbeitnehmer und der Auszubildenden wahr. Eine Vertretung für die Jugend- und Auszubildenden wird in Betrieben gewählt, in denen in der Regel mindestens **fünf** Arbeitnehmer beschäftigt sind, die das **18. Lebensjahr** noch nicht vollendet haben oder zu ihrer **Ausbildung** beschäftigt sind und das 25. Lebensjahr noch nicht vollendet haben. Diese Arbeitnehmer sind in der Regel auch wahlberechtigt und wählbar. Die Amtszeit beträgt **zwei Jahre**.

In unserem Fall 7 sind also sämtliche Voraussetzungen für die Wahl einer Jugend- und Auszubildendenvertretung vorhanden. Zunächst existiert ein Betriebsrat. Wir dürfen nie vergessen, dass dies eine zwingende Voraussetzung ist. Zudem gibt es insgesamt fünf Arbeitnehmer, die das 18. Lebensjahr (die zwei minderjährigen Schüler) noch nicht vollendet haben oder zu ihrer Ausbildung beschäftigt sind und das 25. Lebensjahr noch nicht vollendet haben (die drei 18, 19 und 20 Jahre alten Azubis). Der 27-jährige Azubi hat mit alledem aber nichts zu tun. Insbesondere ist er weder wählbar, noch darf er selbst wählen. Wir können Max Schlau also mitteilen, dass gegen die Wahl einer Jugend- und Auszubildendenvertretung nichts spricht.

Nun werden wir uns mit den Aufgaben, Befugnissen, Rechten und Pflichten der Jugend- und Auszubildendenvertretung beschäftigen.

Fall 8

Max Schlau ist besonders eifrig und möchte als Mitglied der Jugend- und Auszubildendenvertretung an Betriebsratssitzungen teilnehmen, die Integration ausländischer Jugendlicher verbessern und im Anschluss an seine Ausbildung übernommen werden.

Die Jugend- und Auszubildendenvertretungen haben die Belange der jugendlichen Arbeitnehmer und Auszubildenden gegenüber dem Betriebsrat und gegenüber dem Arbeitgeber zu vertreten.

Die Aufgaben

In § 70 sind die allgemeinen Aufgaben aufgeführt. Es handelt sich insbesondere um Fragen der Berufsbildung und der Übernahme in ein Arbeitsverhältnis, Maßnahmen der Durchsetzung der tatsächlichen Gleichstellung, der Überwachung der Gesetze, Verordnungen, Vorschriften, Tarifverträge und Betriebsvereinbarungen sowie der Integration ausländischer Arbeitnehmer. Es werden entsprechende Anträge beim Betriebsrat gestellt.

Der Betriebsrat ist zu einer engen Zusammenarbeit mit der Jugend- und Auszubildendenvertretung verpflichtet nach § 80 Abs. 1 Nr. 3 bis 5. Er muss sie rechtzeitig und umfassend unterrichten. Die Jugend- und Auszubildendenvertretung kann verlangen, dass ihr der Betriebsrat die zur Durchführung der Aufgaben erforderlichen Unterlagen zur Verfügung stellt.

Ein Vertreter kann zu allen Betriebsratssitzungen entsendet werden und bei Tagesordnungspunkten, die überwiegend jugendliche Arbeitnehmer und Auszubildende betreffen, kann sie in voller Besetzung teilnehmen. In diesem Fall kommt es auch zu einem vollen Stimmrecht. Außerdem kann die Jugend- und Auszubildendenvertretung die Behandlung bestimmter Fragen in einer Betriebsratssitzung erzwingen. Ebenso ist es möglich, vom Betriebsrat die Aussetzung von Beschlüssen nach § 66 zu verlangen, wenn wichtige Interessen der Jugendlichen erheblich beeinträchtigt sind.

Falls in dem Betrieb mehr als 50 jugendliche Arbeitnehmer und Auszubildende vorhanden sind, kann eine eigene Sprechstunde eingerichtet werden.

Die Schutzvorschriften

Die Mitglieder der Jugend- und Auszubildendenvertretung haben ähnlichen Schutz wie Betriebsratsmitglieder. Das gilt sowohl für den Sonderkündigungsschutz als auch für den Freistellungsanspruch zur Teilnahme an Schulungs- und Bildungsveranstaltungen. Eine völlige Freistellung von der Arbeitsleistung gibt es aber nicht. Insbesondere haben sie einen Anspruch auf Weiterbeschäftigung nach der Beendigung des Berufsausbildungsverhältnisses nach § 78a. Der Anspruch muss innerhalb der letzten drei Monate vor der Beendigung schriftlich geltend gemacht werden. Im Übrigen dürfen auch sie während der Ausübung ihrer Tätigkeit weder gestört noch behindert und weder benachteiligt noch begünstigt werden. Auch für sie gilt die Geheimhaltungspflicht bezüglich aller Betriebs- und Geschäftsgeheimnisse.

Auch im Jugend und Auszubildendenbereich gibt es entsprechend den Regelungen für Betriebsräte eine Gesamtjugend- und Auszubildendenvertretung, eine Konzernjugend- und Auszubildendenvertretung und eine Jugend- und Auszubildendenversammlung.

Leitsatz 11

!

Aufgaben und Befugnisse der Jugend- und Auszubildendenvertretung

Die Jugend- und Auszubildendenvertretung hat die Belange der jugendlichen Arbeitnehmer und Auszubildenden **gegenüber** dem **Betriebsrat** und gegenüber dem **Arbeitgeber** zu vertreten. Das erfolgt in der Regel durch das Stellen entsprechender Anträge beim Betriebsrat. Sie ist umfassend durch den Betriebsrat zu informieren.

In unserem Fall 8 können wir Max Schlau also mitteilen, dass er als Mitglied der Jugend- und Auszubildendenvertretung an Betriebsratssitzungen teilnehmen und die Integration ausländischer Jugendlicher fördern kann. Falls er im Anschluss an seine Ausbildung übernommen werden möchte, muss er binnen drei Monaten vor Beendigung seiner Ausbildung einen schriftlichen Antrag beim Arbeitgeber stellen.

Übersicht 10: Jugend- und Auszubildendenvertretung

In Betrieben mit mindestens fünf Arbeitnehmer unter 18 Jahren oder unter 25 Jahren in Ausbildung

Aufgaben

- Beantragung von Maßnahmen der Berufsbildung und der Übernahme
- Überwachung von Vorschriften
- Förderung der Integration

Befugnisse

- Unterrichtungsrecht und Recht auf Einblick in Unterlagen
- Teilnahmerecht an Betriebsratssitzungen
- Recht auf Aussetzung von Beschlüssen

Rechte

- Anspruch auf Arbeitsfreistellung
- Freistellungsanspruch zur Teilnahme an Schulungs- und Bildungsveranstaltungen
- Kündigungsschutz
- Anspruch auf Weiterbeschäftigung

Pflichten

- Geheimhaltungspflicht

Die Betriebsversammlung

Wir hatten soeben bereits festgestellt, dass nach § 71 eine Jugend- und Auszubildendenversammlung einberufen werden kann. Was für die Jugend gilt, muss aber auch erst recht für die Erwachsenen gelten. Deshalb sieht § 42 die Betriebsversammlung vor.

Fall 9

Max Schlau möchte noch immer die Integration ausländischer Mitarbeiter fördern. Auf der nächsten Betriebsversammlung soll daher ein externer Referent der Gewerkschaft zu diesem Thema sprechen. Als der Arbeitgeber Daniel Dax dies ablehnt, bleibt Max Schlau der Betriebsversammlung fern. Wie ist die Rechtslage?

Die Betriebsversammlung dient vor allem der Information der Arbeitnehmer. Deshalb finden regelmäßig Betriebsversammlungen, Abteilungsversammlungen oder Teilversammlungen statt. Die Betriebsversammlung ist die Versammlung sämtlicher Arbeitnehmer des Betriebs. Teilnahmeberechtigt sind außerdem der Arbeitgeber, Beauftragte der im Betrieb vertretenen Gewerkschaften und ein Beauftragter des Arbeitgeberverbandes, dem der Arbeitgeber angehört. Da die Betriebsversammlung nicht öffentlich ist, erfolgt die Zulassung außenstehender Personen nur in Ausnahmefällen. Dafür muss ein sachlicher Grund vorliegen.

Die Einberufung der Versammlung erfolgt durch Beschluss des Betriebsrats. Die ordentliche Betriebsversammlung ist in jedem Kalendervierteljahr einzuberufen.

Leitsatz 12

Betriebsversammlung

Eine Betriebsversammlung im Sinne des BetrVG kann es nur in Betrieben geben, in denen auch ein **Betriebsrat** existiert!

Mit dem Beschluss des Betriebsrats ist auch eine Tagesordnung bekannt zu geben. Der Arbeitgeber ist einzuladen. Den im Betrieb vertretenen Gewerkschaften ist nach § 46 Abs. 2 der Zeitpunkt und die Tagesordnung rechtzeitig schriftlich mitzuteilen. Der Betriebsratsvorsitzende leitet die Versammlung.

Die Kosten der Betriebsversammlung trägt der Arbeitgeber. Die Zeit der Teilnahme an der Versammlung einschließlich zusätzlicher Wegezeiten ist wie Arbeitszeit zu vergüten nach § 44 Abs. 1 Satz 2.

Der Versammlungsablauf

Der Betriebsrat hat einen Tätigkeitsbericht zu erstatten. Der Arbeitgeber muss mindestens einmal im Jahr über das Personal- und Sozialwesen, über die Förderung der Gleichstellung der Geschlechter im Betrieb, die Vereinbarkeit von Familie und Erwerbstätigkeit, die Integration der ausländischen Arbeitnehmer sowie über die wirtschaftliche Lage und Entwicklung des Betriebs berichten.

Inhaltlich können Fragen, die den konkreten Betrieb oder seine Arbeitnehmer unmittelbar betreffen, behandelt werden. Darunter fallen Angelegenheiten tarifpolitischer, sozialpolitischer, umweltpolitischer und wirtschaftlicher Art, sofern sie unmittelbar betriebsbezogen sind.

Leitsatz 13

Die Einberufung einer Betriebsversammlung

Die Betriebsversammlung ist **nicht öffentlich**, findet in **jedem Kalendervierteljahr** nach Einberufung durch den Betriebsrat statt und dient der **Information** der Arbeitnehmer.

In unserem Fall 9 hätte der Betriebsrat zum Thema Integration einen Referenten der Gewerkschaft einladen können. Dagegen hätte Daniel Dax nichts einwenden können. Max Schlau hingegen konnte keinen Antrag an den Arbeitgeber stellen. Da er einfach der Versammlung fernblieb, hat er auch keinen Anspruch auf Entgeltfortzahlung.

Leitsatz 14

Teilnehmer der Betriebsversammlung

sämtliche Arbeitnehmer

+

der Arbeitgeber

+

Beauftragte der im Betrieb vertretenen Gewerkschaften

+

ein Beauftragter des Arbeitgeberverbandes,
dem der Arbeitgeber angehört

III. Die Mitwirkungs- und Mitbestimmungsrechte

Lektion 7: Soziale Angelegenheiten

Die allgemeinen Aufgaben des Betriebsrats aus § 80 sehen wir uns erst in Lektion 15 an. Dort geht es um die Grundsätze der Zusammenarbeit zwischen Arbeitgeber und Betriebsrat und was bei Streitigkeiten geschieht. Natürlich ist es nicht verboten an dieser Stelle schon einmal den § 80 aufzuschlagen und zu lesen.

Nun kommen wir aber erst einmal zu den grundlegenden Mitwirkungs- und Mitbestimmungsrechten des Betriebsrats. Wichtig ist, zunächst grundsätzlich zwischen den verschiedenen Beteiligungsrechten zu unterscheiden.

Der Betriebsrat hat Informations-, Mitsprache- und Mitbestimmungsrechte.

Übersicht 11: Beteiligungsrechte des BetrVG

Beteiligungsrechte	Beispiele
1. Stufe: Informationsrecht Der Betriebsrat ist lediglich zu informieren.	§§ 80 Abs. 5, 105, 110 BetrVG
2. Stufe: Mitspracherecht Der Arbeitgeber hat die Pflicht, den Betriebsrat anzuhören oder eine Angelegenheit mit ihm zu beraten.	§§ 90, 97, 102 Abs. 5 BetrVG
3. Stufe: Mitbestimmungsrecht Das Vorliegen einer mitbestimmungspflichtige Angelegenheiten bedeutet, dass dem Betriebsrat das Recht zusteht, die Einführung einer bestimmten Regelung zu verlangen. Arbeitgeber und Betriebsrat können die Entscheidenden nur gemeinsam treffen.	§§ 87, 91 Satz 1 BetrVG

Welche Rechte dem Betriebsrat im Einzelnen zustehen, wollen wir uns nun ansehen. Schlagen Sie bitte zunächst den in der Praxis äußerst wichtigen § 87 auf. Auch wenn der Paragraf lang ist, lesen Sie ihn bitte ausführlich. Jeder Absatz und jede Ziffer ist praxisrelevant.

Fall 10

Daniel Dax möchte in seinem Betrieb den Beginn der Frühstückspause von 9:00 Uhr auf 9:30 Uhr verlegen. Außerdem möchte er endlich einen längst überfälliges Arbeitszeiterfassungssystem einführen. Wie ist die Rechtslage?

In § 87 Abs. 1 werden 13 Bereiche genannt, in denen zwingend die Zustimmung des Betriebsrats erforderlich ist. Dabei kann die Zustimmung durch eine förmliche Betriebsvereinbarung oder durch eine Regelungsabrede erklärt werden. Die Betriebsvereinbarung wollen wir später besprechen. An dieser Stelle sei bereits verraten, dass es sich um einen Vertrag zwischen Arbeitgeber und Betriebsrat handelt.

Die Zustimmung des Betriebsrats ist Wirksamkeitsvoraussetzung. Die fehlende Einigung zwischen Arbeitgeber und Betriebsrat kann durch den Spruch einer Einigungsstelle nach § 87 Abs. 2 ersetzt werden. Auch die Einigungsstelle werden wir uns später im Zusammenhang mit dem Arbeitsgericht näher ansehen.

Nur in zwei der aufgezählten Bereiche des § 87 Abs. 1 sind auch Einzelmaßnahmen des Arbeitgebers zustimmungspflichtig, nämlich die zeitliche Festlegung des Urlaubs gegen den Willen des Betroffenen und die Zuweisung oder Kündigung einer Werkswohnung. Im Übrigen sind die Einzelmaßnahmen gegenüber Arbeitnehmern jedoch mitbestimmungsfrei.

Leitsatz 15

Die Beteiligungsrechte im BetrVG

Der Betriebsrat hat **Informationsrechte**, **Mitspracherechte** (Anhörung und/oder Beratung) und **Mitbestimmungsrechte** (Initiativrecht, nur gemeinsame Entscheidung mit Arbeitgeber möglich).

Leitsatz 16

Die Beteiligungsrechte in § 87 BetrVG

Der § 87 Abs. 1 BetrVG nennt **13 Bereiche**, in denen **zwingend die Zustimmung** des Betriebsrats erforderlich ist. Kommt eine Einigung nicht zustanden, entscheidet nach § 87 Abs. 2 BetrVG die Einigungsstelle.

In unserem Fall 10 müssen wir Daniel Dax auf Folgendes hinweisen: Betriebsverfassungsrechtlich benötigt er die Zustimmung des Betriebsrats zur Verlegung des Beginns der Arbeitszeit nach § 87 Abs. 1 Ziffer 2 und für die Einführung des Arbeitsverfassungssystems nach § 87 Abs. 1 Ziffer 1. Ein guter Rechtsberater erklärt ihm auch, dass er sich jeden einzelnen Arbeitsvertrag genau ansehen muss. Falls dort beispielsweise der Beginn der Arbeitszeit mit 8:00 Uhr angegeben ist, kann Daniel Dax das nicht ohne weiteres einseitig ändern.

Freiwillige Betriebsvereinbarungen

Der § 88 sieht darüber hinaus vor, dass neben den in § 87 vorhandenen erzwingbaren Mitbestimmungsrechten vom Betriebsrat weitere soziale Angelegenheiten durch freiwillige Betriebsvereinbarungen geregelt werden können. Dabei kann es sich um sämtliche sozialen Angelegenheiten handeln, die der Ordnung des Betriebes dienen. Bei Meinungsverschiedenheiten wird die Einigungsstelle aber nur tätig, wenn beide Seiten dieses beantragen oder damit einverstanden sind. Das Gesetz nennt in § 88 lediglich Beispiele.

Arbeits- und Umweltschutz

In § 89 wird die Verpflichtung des Betriebsrats normiert, sich für den Arbeitsschutz und den betrieblichen Umweltschutz einzusetzen. Es reicht, wenn Sie wissen, dass eine solche Vorschrift existiert.

Gleiches gilt für die §§ 90 und 91. Hier ist die Unterrichtungspflicht des Arbeitgebers im Falle von Planungen sowie ein Mitbestimmungsrecht bei offensichtlichen Verstößen gegen „die gesicherten arbeitswissenschaftlichen Erkenntnisse über die menschengerechte Gestaltung der Arbeit" festgelegt.

Übersicht 12: Mitbestimmungsrechte des Betriebsrats nach § 87 Abs. 1

Nr.	Gegenstände der Mitbestimmung	Beispiele
1	Fragen der **Ordnung** des Betriebs und des **Verhaltens** der Arbeitnehmer im Betrieb	Torkontrollen, Arbeitszeitkontrollen, Rauchverbote, Benutzung der Kommunikationsmittel für private Zwecke
2	Beginn und Ende der täglichen **Arbeitszeit** einschließlich der Pausen sowie Verteilung der Arbeitszeit auf die einzelnen Wochentage	Sämtliche Arbeitszeitregelungen, Einführung von Schichtarbeit
3	vorübergehende **Verkürzung oder Verlängerung der betriebsüblichen Arbeitszeit**	Kurzarbeit, Mehrarbeit, Anordnung von Überstunden
4	**Zeit, Ort und Art der Auszahlung** der Arbeitsentgelte	Festlegung der Zeitabschnitte der Lohnzahlung
5	Aufstellung allgemeiner **Urlaubsgrundsätze** und des **Urlaubsplans** sowie die Festsetzung der zeitlichen Lage des Urlaubs für einzelne Arbeitnehmer, wenn zwischen dem Arbeitgeber und den beteiligten Arbeitnehmern kein Einverständnis erzielt wird	Aufstellung der Urlaubsgrundsätze auch für Sonderurlaub von Bildungsurlaub. Die Mitbestimmung setzt aber erst ein, wenn der Arbeitnehmer mit der Festlegung nicht einverstanden ist.
6	Einführung und Anwendung von technischen **Einrichtungen**, die dazu bestimmt sind, das Verhalten oder die Leistung der Arbeitnehmer zu **überwachen**	Verwendung von Kameras, Mikrofonen, elektronischen Datenverarbeitungsgeräten

7	Regelungen über die Verhütung von **Arbeitsunfällen** und **Berufskrankheiten** sowie über den **Gesundheitsschutz** im Rahmen der gesetzlichen Vorschriften oder der Unfallverhütungsvorschriften	Regelungen über die Unterbrechung von Bildschirmarbeit durch Pausen
8	Form, Ausgestaltung und Verwaltung von **Sozialeinrichtungen**, deren Wirkungsbereich auf den Betrieb, das Unternehmen oder den Konzern beschränkt ist	Kantinen, Pensionskassen, Sportanlagen, Bibliotheken; Achtung: kein Mitbestimmungsrechte bei der Errichtung oder Schließung
9	Zuweisung und Kündigung von **Wohnräumen**, die den Arbeitnehmern mit Rücksicht auf das Bestehen eines Arbeitsverhältnisses vermietet werden, sowie die allgemeine Festlegung der Nutzungsbedingungen	Werksmietwohnungen
10	Fragen der **betrieblichen Lohngestaltung**, insbesondere die Aufstellung von **Entlohnungsgrundsätzen** und die Einführung und Anwendung von neuen Entlohnungsmethoden sowie deren Änderung	Einführung oder Beendigung von Akkordarbeit oder Sonderzahlungen nach Leistungsgesichtspunkten
11	Festsetzung der Akkord- und Prämiensätze und vergleichbarer **leistungsbezogener Entgelte**, einschließlich der Geldfaktoren	Mitbestimmung bei allen Entlohnungsformen, bei denen eine Beziehung zwischen Leistung und Entgelt besteht
12	Grundsätze über das betriebliche **Vorschlagswesen**	Aufstellung von Verfahrensgrundsätzen über das betriebliche Vorschlagswesen
13	Grundsätze über die Durchführung von Gruppenarbeit	Bei jeder Form der Einführung von Gruppenarbeit

Lektion 8: Berufsbildung

Berufsbildung ist wesentlich mehr als nur die Berufsausbildung.

Fall 11

Daniel Dax führt eine neue Software im Betrieb ein. Der Betriebsrat fordert ihn auf zu prüfen, ob einzelne Arbeitnehmer eine Fortbildung dafür benötigen. Daniel Dax sieht auch das Bildungsbedürfnis, ist aber der Meinung, dass das sein alter Schulfreund Heinz Historie erledigen könne. Immerhin hatte der schon einmal vor Jahren mit dem Programm zu tun. So nimmt das Schicksal seinen Lauf: Daniel Dax lädt die betroffenen Arbeitnehmer zu einer Fortbildungsveranstaltung ein. Der Betriebsrat ist erzürnt, da Heinz Historie keine Ahnung von der Software hat. Kann dem Betriebsrat geholfen werden?

Regelungen zur Berufsbildung finden sich in den §§ 96 bis 98. Die Berufsbildung im betriebsverfassungsrechtlichen Sinne beschränkt sich nicht nur auf die Normen des Berufsbildungsgesetzes. Betriebsrat und Arbeitgeber haben die Berufsbildung der Arbeitnehmer zu fördern. Dies geschieht im Rahmen der betrieblichen Personalplanung und in Zusammenarbeit mit den für die Berufsbildung und den für die Förderung für die Berufsbildung zuständigen Stellen. Das ist insbesondere die Bundesagentur für Arbeit.

Ermittlung des Bedarfs

Der Arbeitgeber hat auf Verlangen des Betriebsrats den Berufsbildungsbedarf zu ermitteln und mit ihm Fragen der Berufsbildung der Arbeitnehmer zu beraten. Hierzu kann der Betriebsrat auch Vorschläge machen.

Arbeitgeber und Betriebsrat haben darauf zu achten, dass den Arbeitnehmern die Teilnahme an betrieblichen oder außerbetrieblichen Maßnahmen der Berufsbildung ermöglicht wird. Das geschieht immer unter Berücksichtigung der betrieblichen Notwendigkeiten. Sie haben auch die Belange älterer Arbeitnehmer, Teilzeitbeschäftigter und Arbeitnehmer mit Familienpflichten zu berücksichtigen.

Insbesondere hat der Betriebsrat nach § 98 bei der Durchführung von Maßnahmen der betrieblichen Berufsbildung mitzubestimmen. Er kann der Bestellung einer Person, die mit der Durchführung der Berufsbildung beauftragt ist, widersprechen und ihre Abberufung verlangen. Dies gilt aber nur, wenn diese Person die persönliche oder fachliche, insbesondere die berufs- und arbeitspädagogische Eignung im Sinne des Berufsbildungsgesetzes nicht besitzt oder ihre Aufgaben vernachlässigt.

Der Betriebsrat kann auch Vorschläge für die Teilnahme von Arbeitnehmern des Betriebs an Maßnahmen machen. Das gilt dann, wenn der Arbeitgeber diese betrieblichen Maßnahmen durchführt oder er für außerbetriebliche Maßnahmen Arbeitnehmer freistellt oder die durch die Teilnahme an den Maßnahmen entstehenden Kosten ganz oder teilweise trägt. Auch hier gilt wieder: Falls keine Einigung über die vom Betriebsrat vorgeschlagenen Teilnehmer zustande kommt, entscheidet die Einigungsstelle. Auch hier ersetzt der Spruch der Einigungsstelle die Einigung zwischen Arbeitgeber und Betriebsrat.

Rechtstreitigkeiten

Falls der Betriebsrat der mit der Durchführung der betrieblichen Berufsbildung beauftragten Person widersprochen hat oder ihre Abberufung verlangt hat, gilt nach § 98 Abs. 5 folgendes:

Der Betriebsrat kann beim Arbeitsgericht beantragen, dem Arbeitgeber aufzugeben, die Bestellung der Person zu unterlassen oder die Abberufung durchzuführen. Führt der Arbeitgeber trotz einer rechtskräftigen gerichtlichen Entscheidung die Bestellung trotzdem durch, kann er auf Antrag des Betriebsrats zu einem Ordnungsgeld bis zu 10.000 € verurteilt werden. Führt er die Abberufung trotz einer rechtskräftigen gerichtlichen Entscheidung nicht durch, kann der Betriebsrat beim Arbeitsgericht beantragen, dass der Arbeitgeber zur Abberufung durch Zwangsgeld angehalten wird.

Bei der Berufsausbildung sind häufig jugendliche Arbeitnehmer betroffen. Hier ist dann auch die Jugend- und Auszubildendenvertretung zu beteiligen. Sie hat, wie wir bereits wissen, an den Betriebsratssitzungen ein Teilnahme- und Stimmrecht.

Leitsatz 17

Die Organisation im Betriebsrat

Regelungen zur Berufsbildung finden sich in den §§ 96 bis 98. Die Berufsbildung umfasst die **Berufsausbildung, Fortbildung, Umschulung** und andere individuelle Maßnahmen. Betriebsrat und Arbeitgeber haben die Berufsbildung der Arbeitnehmer zu fördern. Der Betriebsrat hat ein umfangreiches Mitbestimmungsrecht.

In unserem Fall 11 sollte der Betriebsrat sofort einschreiten. Zwar hat Daniel Dax nach § 96 Abs. 1 Satz 2 den Bildungsbedarf ermittelt, jedoch eine völlig ungeeignete Person eingesetzt. Der Betriebsrat kann nach § 98 Abs. 2 dieser Person widersprechen oder ihre Abberufung verlangen. Kommt Daniel Dax dem Verlangen nicht nach, kann er beim Arbeitsgericht beantragen, Daniel Dax aufzugeben, Heinz Historie abzurufen. Führt er die Abberufung trotz einer rechtskräftigen gerichtlichen Entscheidung nicht durch, kann der Betriebsrat beim Arbeitsgericht beantragen, dass Daniel Dax zur Abberufung durch Zwangsgeld angehalten wird. Das Zwangsgeld beträgt für jeden Tag der Zuwiderhandlung 250 €.

Übersicht 13: Mitbestimmungspflichtige Bildung

Mitbestimmungspflichtig	Nicht mitbestimmungspflichtig
Lehrgänge z.B. über technische Fragen, über Fragen des Arbeits- und Sozialrechts, Mitarbeiterführung, Lehrgänge für Flugbegleiter bei Sicherheits- und Notfallmaßnahmen, Seminare, die den Arbeitnehmern die erforderlichen Kenntnisse und Fähigkeiten verschaffen, Trainee-Programme.	**Unterrichtung** der Arbeitnehmer über ihre Aufgaben und Tätigkeiten und ihre Einordnung in den Arbeitsablauf des Betriebs. Die §§ 96 ff. BetrVG regeln dagegen, wie Kenntnisse erworben und erweitert werden können. Zu den Bildungsmaßnahmen gehören daher selbstverständlich nicht einzelne Anweisungen zur Konkretisierung der zu leistenden Arbeit.

Eine **betriebliche Berufsbildungsmaßnahme** liegt vor, wenn der Arbeitgeber auf Inhalt und Organisation der Veranstaltung rechtlich einen beherrschenden Einfluss hat Dabei ist es nicht entscheidend, an welchem Ort die Maßnahme durchgeführt wird.	**Maßnahmen des Arbeitgebers**, nach denen die Arbeitnehmer befähigt werden sollen, gegenüber Kunden freundlicher und hilfsbereiter zu sein.
	Die Aus- und Weiterbildung der **leitenden Angestellten**. Das ergibt sich aus § 5 Abs. 3 Satz 1 BetrVG und aus der Überlegung, dass dem Arbeitgeber alleine überlassen werden muss, für die Bildung derjenigen Angestellten zu sorgen, die ihn vertreten sollen.

Lektion 9: Allgemeine personelle Angelegenheiten

In dieser Lektion wollen wir uns mit den §§ 92 bis 95 beschäftigen.

Fall 12

Das Wort „Unternehmer" kommt von „unternehmen" – und nicht von „unterlassen". Deshalb ist Daniel Dax sehr rührig und plant einen Anbau an sein bestehendes Bürogebäude, um weitere zehn Mitarbeiter einstellen zu können. Wann, wie und nach welchen Vorschriften ist der Betriebsrat zu beteiligen?

Der Arbeitgeber hat nach § 92 den Betriebsrat über die Personalplanung rechtzeitig und umfassend zu unterrichten.

Die Personalplanung gewinnt zunehmend an Bedeutung. Entlassungen, Einstellungen und Versetzungen sind zwar mitbestimmungspflichtige personelle Einzelmaßnahmen, beruhen jedoch zumeist auf zeitlich zurückliegenden **Grundsatzentscheidungen** der Personalplanung. Aus der Personalplanung ergibt sich die innerbetriebliche Ausschreibung von Arbeitsplätzen, die Aufstellungen von Personalfragebögen und Beurteilungsgrundsätzen sowie der Erlass von Auswahlrichtlinien.

Personalbedarf

Der Arbeitgeber hat insbesondere über den gegenwärtigen und künftigen Personalbedarf sowie über die sich daraus ergebenden personellen Maßnahmen und Maßnahmen der Berufsbildung anhand von Unterlagen die Unterrichtung vorzunehmen. Er muss mit dem Betriebsrat über die Art und den Umfang der erforderlichen Maßnahmen und über die Vermeidung von Härten beraten.

Für die Personalplanung ist der Unternehmer verantwortlich. Der Betriebsrat hat kein Mitbestimmungsrecht bei seiner Personalplanung, sondern lediglich Unterrichtungs- und Beratungsrechte. Er muss in der Phase der Entscheidungsfindung beteiligt werden. Die Überlegungen des Arbeitgebers müssen das Stadium der Planung erreicht haben. Die Unterrichtung hat anhand der Unterlagen zu erfolgen, die der Arbeitgeber selbst für seine Planung verwendet.

Nach § 92 Abs. 2 kann der Betriebsrat auch von sich aus Vorschläge für die Einführung und die Durchführung einer Personalplanung machen. Eine bestimmte Methode der Personalplanung kann er aber nicht erzwingen.

Nach § 92 Abs. 3 haben sowohl der Arbeitgeber als auch der Betriebsrat bei der Personalplanung eine besondere Verantwortung. Das gilt insbesondere für Maßnahmen zur Durchsetzung der tatsächlichen Gleichstellung von Frauen und Männern und zur Förderung der Vereinbarkeit von Familie und Erwerbstätigkeit im Sinne des § 80 Abs. 1 Nr. 2a und b.

Leitsatz 18

Die Unterrichtung über die Personalplanung

Der Betriebsrat ist über die Personalplanung anhand der **Unterlagen**, die der Arbeitgeber **selbst für seine Planung** verwendet, nach § 92 BetrVG zu unterrichten. Es bestehen lediglich Unterrichtungs- und Beratungsrechte, aber kein Mitbestimmungsrecht.

In unserem Fall 12 hat Daniel Dax also nach § 92 den Betriebsrat über die zehn geplanten Neueinstellungen anhand sämtlicher ihm zur Verfügung stehender Unterlagen zu unterrichten. Die Unterrichtung muss er dann vornehmen, wenn die Phase der Entscheidungsfindung begonnen hat. Hier also spätestens, wenn es konkret darum geht, ob der Anbau kommen soll oder nicht. Außerdem ist der Betriebsrat nach § 90 Abs. 1 Ziff. 1 allein wegen der baulichen Veränderung zu beteiligen. Später bedarf es sogar der Zustimmung nach § 99, wenn einzelne Arbeitnehmer eingestellt werden sollen.

In größeren Unternehmen mit in der Regel mehr als 20 Mitarbeitern hat der Arbeitgeber nämlich den Betriebsrat vor jeder Einstellung eines Arbeitnehmers zu unterrichten und dessen Zustimmung einzuholen. Es kommt auch nicht darauf an, ob ein Arbeitsverhältnis begründet werden soll. Eine mitbestimmungspflichtige Einstellung liegt bereits vor, wenn eine Person in den Betrieb eingegliedert wird, um zusammen mit den dort schon beschäftigten Arbeitnehmern den arbeitstechnischen Zweck des Betriebes durch weisungsgebundene Tätigkeit zu verwirklichen.

Übersicht 14: Personalplanung und Betriebsrat

Unterrichtung	Der Arbeitgeber hat ▼ insbesondere über den gegenwärtigen und künftigen Personalbedarf und ▼ über die sich daraus ergebenden personellen Maßnahmen und Maßnahmen der Berufsbildung ▼ anhand von Unterlagen zu unterrichten und ▼
Beratung	er muss mit dem Betriebsrat über Art und den Umfang der erforderlichen Maßnahmen und über die Vermeidung von Härten beraten.

Beschäftigungssicherung des § 92a

Fall 13

Die Jahre des wirtschaftlichen Aufschwungs sind vorbei. Im Betrieb von Daniel Dax zeichnen sich wirtschaftliche Schwierigkeiten ab. Die derzeit beschäftigten 20 Mitarbeiter haben nicht genug zu tun. Der Betriebsrat möchte darüber mit Daniel Dax beraten. Dieser weigert sich. Kann der Betriebsrat ihn zu Gesprächen zwingen?

Der Betriebsrat kann dem Arbeitgeber Vorschläge zur Sicherung und Förderung der Beschäftigung machen. Mit der Regelung des § 92a wird der Betriebsrat in die Lage versetzt, seine Aufgaben aktiv wahrzunehmen und eigene Initiativen zur Beschäftigungssicherung zu ergreifen. Bitte lesen Sie § 92a sorgfältig. Die dortige Aufzählung ist nicht abschließend.

Der Arbeitgeber hat die Vorschläge mit dem Betriebsrat zu beraten. Hält er die Vorschläge für ungeeignet, muss er dies begründen. In Betrieben mit mehr als 100 Arbeitnehmern erfolgt die Begründung schriftlich. Zu den Beratungen kann der Arbeitgeber oder der Betriebsrat einen Vertreter der Bundesagentur für Arbeit hinzuziehen. Der Arbeitgeber muss sich mit dem Vorschlag des Betriebsrats ernsthaft und in angemessener Zeit befassen.

Aber auch schon nach § 80 Abs. 1 Nr. 8 gehört die Beschäftigungssicherung zu den allgemeinen Aufgaben des Betriebsrats.

Leitsatz 19

Die Beschäftigungssicherung

Der Betriebsrat kann dem Arbeitgeber **Vorschläge** zur Sicherung und Förderung der Beschäftigung machen, die der Arbeitgeber mit ihm zu **beraten** hat.

In unserem Fall 13 kann der Betriebsrat Daniel Dax nicht zu Gesprächen zwingen. Wie die Beteiligung in wirtschaftlichen Angelegenheiten in größeren Betrieben nach den §§ 106 ff. aussieht, werden wir noch behandeln. Wenn aber der Betriebsrat einen konkreten Vorschlag zur Beschäftigungssicherung macht, muss Daniel Dax sich damit beschäftigen.

Übersicht 15: Themen der Beschäftigungssicherung

Die Vorschläge zur Beschäftigungssicherung können sich mit vielen Themen beschäftigen. **Beispiele:**

- flexible Gestaltung der Arbeitszeit,
- Förderung der Teilzeitarbeit und Altersteilzeit
- neue Formen der Arbeitsorganisation
- Änderungen der Arbeitsverfahren und Arbeitsabläufe
- die Qualifizierung der Mitarbeiter
- Alternativen zur Ausgliederung von Arbeit oder ihrer Vergabe an andere Unternehmen
- Alternativen zum Produktions- und Investitionsprogramm

Weitere allgemeine personelle Maßnahmen

Nun kommen wir zu der Mitbestimmung bei der Ausschreibung von Arbeitsplätzen, bei Personalfragebogen und bei Beurteilungsgrundsätzen.

Fall 14

Daniel Dax möchte trotz der wirtschaftlichen Schwierigkeiten einen neuen Systemadministrator einstellen. Der Betriebsrat verlangt zunächst die Ausschreibung innerhalb des Betriebs und möchte den zu schließenden Arbeitsvertrag einsehen. Wie ist die Rechtslage?

Der Betriebsrat kann nach § 93 im Rahmen der Personalbeschaffungsplanung verlangen, dass Arbeitsplätze, die besetzt werden sollen, vor ihrer Besetzung innerhalb des Betriebs ausgeschrieben werden. Ausschreibung ist die Aufforderung des Arbeitgebers Stellenbewerbungen abzugeben. Das kann z.B. in der Werkszeitung, im Intranet oder am schwarzen Brett erfolgen. Damit soll die Möglichkeit geschaffen werden, selbst im Betrieb vorhandene Möglichkeiten der Personalbeschaffung auszunutzen. Zudem soll Missverständnissen innerhalb der bestehenden Belegschaft vorgebeugt werden, wenn vorhandene Arbeitnehmer durch die Einstellung Außenstehender eventuell benachteiligen werden könnten.

Bei dem Recht des Betriebsrats handelt es sich um ein Initiativrecht. Das bedeutet, dass die Ausschreibung von Arbeitsplätzen nicht generell vorgeschrieben ist.

Personalfragebogen

Nach der Ausschreibung erfolgt in der Regel die Einstellung. Bei Einstellungen werden häufig Personalfragebogen verwendet. Das könnte aus Arbeitnehmersicht bedenklich sein, weil darin vielfach nach persönlichen Angaben gefragt wird. Falls die Beantwortung wahrheitsgemäß erfolgt, setzen sich die Bewerber der Preisgabe persönlicher Geheimnisse aus. Werden die Fragen nicht beantwortet, wird der Bewerber vermutlich zurück gewiesen. Bei einer Falschbeantwortung könnte eine Anfechtung des Arbeitsvertrages erfolgen, die Kündigung oder sogar die Erhebung von Schadenersatzansprüchen.

Deshalb bedürfen Personalfragebogen gemäß § 94 der Zustimmung des Betriebsrates. Kommt eine Einigung über ihren Inhalt nicht zustande, entscheidet die Einigungsstelle. Der Spruch der Einigungsstelle ersetzt die Einigung zwischen Arbeitgeber und Betriebsrat.

Arbeitsverträge und Beurteilungsgrundsätze

Das gilt auch entsprechend für persönliche Angaben in schriftlichen Arbeitsverträgen, die allgemein für den Betrieb verwendet werden sollen, sowie für die Aufstellung allgemeiner Beurteilungsgrundsätze. Das Mitbestimmungsrecht des Betriebsrates besteht also auch für Formulararbeitsverträge. Bei den Beurteilungsgrundsätzen geht es nicht um eine konkrete Beurteilung im Einzelfall. Auch hier handelt es sich um die Aufstellung allgemeiner Beurteilungsgrundsätze. Diese unterliegen dem Mitbestimmungsrecht, wenn der Arbeitgeber sie einführt oder verwendet. Auch hier hat der Betriebsrat kein Initiativrecht.

Leitsatz 20

!

Die Mitbestimmung bei der Ausschreibung von Arbeitsplätzen, Personalfragebogen und bei Beurteilungsgrundsätzen

Der Betriebsrat kann die **betriebsinterne Ausschreibung** von Arbeitsplätzen verlangen. Personalfragebogen sowie im Betrieb allgemein verwendete **Arbeitsverträge** mit persönlichen Angaben und die Aufstellung allgemeiner **Beurteilungsgrundsätze** bedürfen der Zustimmung des Betriebsrats.

In dem Fall 14 kann also eindeutig der Betriebsrat die interne Ausschreibung verlangen. Den Arbeitsvertrag hingegen darf er nicht einsehen. Falls Daniel Dax allerdings generell vorformulierte Arbeitsverträge im Betrieb verwendet, darf der Betriebsrat diese Vertragsmuster prüfen und muss sogar seine Zustimmung geben.

Das ist für den Betriebsrat auch eine gute Gelegenheit, die vorformulierten Arbeitsvertragsklauseln auf ihre Rechtmäßigkeit hin zu überprüfen. Die neuere Rechtsprechung, insbesondere zu Verfallfristen, Vertragsstrafen, Widerrufsvorbehalten und Versetzungsklauseln, sollte er natürlich kennen.

Leitsatz 21

Rechte des Betriebsrats nach §§ 93, 94 BetrVG

Der Betriebsrat kann **verlangen**:	die **betriebsinterne** Ausschreibung von Arbeitsplätzen
Zustimmung des Betriebsrats **erforderlich** bei:	- **Personalfragebogen** - **Verwendung** von schriftlichen **Arbeitsverträgen**, die allgemein im Betrieb zur Anwendung kommen - Aufstellung von **Beurteilungsgrundsätzen**

Auswahlrichtlinien

Fall 15

Nun hat Daniel Dax auch noch einen wichtigen Kunden verloren. Er muss deshalb Personal durch den Ausspruch betriebsbedingter Kündigungen abbauen. Von seinem Rechtsanwalt hörte er, dass ein Arbeitnehmer, der gegen die Kündigung Kündigungsschutzklage einreicht, kaum Chancen vor dem Arbeitsgericht hat, wenn eine Auswahlrichtlinie mit dem Betriebsrat zu Kündigungen vereinbart wurde. Deshalb fordert er den Betriebsrat zu Verhandlungen auf. Was raten Sie dem Betriebsrat?

Auswahlrichtlinien im Sinne des § 95 sind Betriebsvereinbarungen, die Kriterien festlegen, wie die personelle Auswahl unter Arbeitnehmern erfolgt. Dabei geht es um die Einstellung, Versetzung, Umgruppierung oder Kündigung. Diese Auswahlrichtlinien bedürfen der Zustimmung des Betriebsrats.

Es ist zwischen Betrieben von bis zu 500 und Betrieben von mehr als 500 Arbeitnehmern (ohne leitende Angestellte nach § 5 Abs. 3) zu unterscheiden: In Betrieben mit bis zu 500 Arbeitnehmern kann der Arbeitgeber selbst entscheiden, Auswahlrichtlinien aufzustellen. Falls er sie aufstellt, muss der Betriebsrat zustimmen. In Betrieben mit mehr als 500 Arbeitnehmern hat der Betriebsrat ein erzwingbares Recht zur Aufstellung von Auswahlrichtlinien.

Kommt eine Einigung über die Richtlinien oder deren Inhalt nicht zustande, entscheidet in Betrieben von bis zu 500 Mitarbeitern auf Antrag des Arbeitgebers die Einigungsstelle, in größeren Betrieben auf Antrag des Arbeitgebers oder des Betriebsrats.

Auswahlrichtlinien sind für die Entscheidungsfindung bei personellen Einzelmaßnahmen von erheblicher Bedeutung. Es sind abstrakte Grundsätze, nach welchen die jeweilige personelle Auswahl getroffen wird. Die Auswahlrichtlinien schränken den Ermessensspielraum des Arbeitgebers ein. Sie dürfen ihn aber nicht völlig beseitigen.

Ein besonderes Augenmerk ist auf § 1 Abs. 4 Kündigungsschutzgesetz zu richten. Wenn in einer Betriebsvereinbarung eine Auswahlrichtlinie zur Sozialauswahl bei Kündigungen getroffen wurde, ist diese Sozialauswahl vom Gericht nur noch auf eine grobe Fehlerhaftigkeit zu überprüfen.

Die Grenzen

Natürlich dürfen Arbeitgeber und Betriebsrat nicht uneingeschränkt Auswahlrichtlinien vereinbaren. Sie müssen **vorrangige Regelungen** in Gesetzen und Tarifverträgen beachten, solange diese nicht dispositiv sind. Außerdem haben sie insbesondere die Grundsätze des § 75 zu beachten. Danach haben Arbeitgeber und Betriebsrat darüber zu wachen, dass alle im Betrieb tätigen Personen nach den Grundsätzen von Recht und Billigkeit behandelt werden. Das bedeutet insbesondere, dass jede Benachteiligung von Personen aus Gründen ihrer Rasse oder wegen ihrer ethnischen Herkunft, ihrer Abstammung oder sonstigen Herkunft, ihrer Nationalität, Ihrer Religion oder Weltanschauung, ihrer Behinderung, ihres Alters, ihrer politischen oder gewerkschaftlichen Betätigung oder Einstellung oder wegen ihres Geschlechts oder ihrer sexuellen Identität unterbleibt.

Leitsatz 22

!

Die Vereinbarung von Auswahlrichtlinien

Auswahlrichtlinien sind **Betriebsvereinbarungen**, die Kriterien über die **personelle Auswahl** bei Einstellungen, Versetzungen, Umgruppierungen oder Kündigungen festlegen.

In unserem Fall 15 werden Sie dem Betriebsrat also sagen, dass es zunächst auf die Betriebsgröße ankommt. Falls der Betrieb von Daniel Dax keine 500 Arbeitnehmer hat, kann der Arbeitgeber allein über die Aufstellung von Auswahlrichtlinien entscheiden. Der Betriebsrat muss aber zustimmen. In Betrieben mit mehr als 500 Arbeitnehmern hätte auch der Betriebsrat ein Initiativrecht. Falls der Betriebsrat sich mit dem Arbeitgeber nicht einigt, ist die Einigungsstelle anzurufen. In den Betrieben mit bis zu 500 Arbeitnehmern kann das aber nur der Arbeitgeber. Wegen § 1 Abs. 4 Kündigungsschutzgesetz muss der Betriebsrat aufpassen: Wenn eine Auswahlrichtlinie zur Sozialauswahl bei Kündigungen getroffen wurde, ist diese Sozialauswahl vom Gericht nur noch auf eine grobe Fehlerhaftigkeit zu überprüfen.

Übersicht 16: Aufstellung von Auswahlrichtlinien

Auswahlrichtlinie über **Einstellung, Umgruppierung, Kündigung**

Betrieb mit weniger als 500 Arbeitnehmern	Betrieb mit mehr als 500 Arbeitnehmern
Kein Initiativrecht des BR	Initiativrecht des BR
Arbeitgeber kann die Einigungsstelle anrufen	Arbeitgeber und BR können die Einigungsstelle anrufen

Lektion 10: Personelle Einzelmaßnahmen

Der Kernbereich der betrieblichen Mitbestimmung ist im Zusammenhang mit den personellen Einzelmaßnahmen zu finden. Bitte lesen Sie die Überschriften der §§ 99 bis 105.

Wir beschäftigen uns auf den nächsten Seiten also mit:

dem Mitbestimmungsrecht bei personellen Einzelmaßnahmen und vorläufigen personellen Maßnahmen,

▼

wie die Rechte des Betriebsrats durch Verhängung eines Zwangsgeldes gesichert werden,

▼

dem Mitbestimmungsrecht bei ordentlichen und außerordentlichen Kündigungen und Versetzungen in besonderen Fällen und

▼

der Entfernung betriebsstörender Arbeitnehmer.

Die Mitbestimmung bei personellen Einzelmaßnahmen

Fall 16

Daniel Dax wird die Arbeit zu viel. Er möchte für seine GmbH einen weiteren Geschäftsführer einstellen, dem bisherigen Abteilungsleiter für den Bereich Produktion auch die Entwicklungsabteilung übertragen und einen Minijobber einstellen. Wie ist der Betriebsrat hinsichtlich der personellen Einzelmaßnahmen zu beteiligen?

In größeren Unternehmen hat der Arbeitgeber den Betriebsrat vor jeder Einstellung, Eingruppierung, Umgruppierung und Versetzung eines Arbeitnehmers zu unterrichten und dessen Zustimmung einzuholen. Der Betriebsrat soll sich sachgemäß zu einer geplanten personellen Maßnahme äußern können. Voraussetzung dafür ist naturgemäß, dass er vom Arbeitgeber umfassend und rechtzeitig informiert ist. Andernfalls beginnt die Anhörungsfrist auch nicht zu laufen.

Übersicht 17: Personelle Einzelmaßnahmen

Die **Einstellung** eines Arbeitnehmers liegt dann vor, wenn ein Arbeitsverhältnis begründet wurde oder der Arbeitnehmer die tatsächliche Beschäftigung im Betrieb bereits aufgenommen hat. In diesem Fall kommt es also nicht darauf an, ob tatsächlich schon ein Vertrag geschlossen wurde.

Eine Einstellung ist häufig mit einer ersten **Eingruppierung** verbunden. Die Eingruppierung ist die Festlegung des Arbeitnehmers der für ihn maßgebenden Lohn- bzw. Gehaltsgruppe. Natürlich setzt eine Eingruppierung auch eine entsprechende Vergütungsordnung voraus. Wenn keine kollektive Vergütungsordnung besteht, kann ein Arbeitgeber auch keine Eingruppierung vornehmen.

Eine **Umgruppierung** ist jede Änderung der Einreihung in die tarifliche oder betriebliche Lohn- oder Gehaltsgruppenordnung. Es ist also eine neue Eingruppierung. Dabei ist es egal, ob der Arbeitnehmer ein höheres oder niedrigeres oder weiterhin gleiches Arbeitsentgelt erzielt.

Eine **Versetzung** ist die Zuweisung eines anderen Arbeitsbereichs, die voraussichtlich die Dauer von einem Monat überschreitet oder die mit einer erheblichen Änderung der Umstände verbunden ist, unter denen die Arbeit zu leisten ist. Eine Legaldefinition findet sich im § 95 Abs. 3 BetrVG.

Das gilt für Unternehmen mit in der Regel mehr als 20 wahlberechtigten Arbeitnehmern. Die Arbeitnehmergrenzzahl ist nicht auf den einzelnen Betrieb, sondern auf das Gesamtunternehmen bezogen.

Den Mitbestimmungsrechten des Betriebsrats unterliegen nicht nur die Arbeitnehmer, sondern alle Personen, die in den Betrieb eingegliedert sind. Voraussetzung ist nur, dass sie zusammen mit den im Betrieb schon beschäftigten Arbeitnehmern den arbeitstechnischen Zweck des Betriebs durch weisungsgebundene Tätigkeiten verwirklichen. Auf das tatsächlich bestehende Rechtsverhältnis (zumeist für freie Mitarbeiter) kommt es nicht an.

Besonderheiten existieren bei den Betrieben der privatisierten Unternehmen der Bahn und Post sowie in Tendenzbetrieben (z.B. Kirchen). Überfliegen Sie bitte nochmals die §§ 114 bis 118.

In Unternehmen mit in der Regel also mehr als 20 wahlberechtigten Arbeitnehmern hat der Arbeitgeber den Betriebsrat vor jeder Einstellung, Eingruppierung, Umgruppierung oder Versetzung zu unterrichten. Er hat ihm die erforderlichen Bewerbungsunterlagen vorzulegen und Auskunft über die Person der Beteiligten zu geben.

Weiterhin hat er unter Vorlage der erforderlichen Unterlagen Auskunft über die Auswirkungen der geplanten Maßnahmen zu geben.

Die Zustimmung des Betriebsrates zu der geplanten Maßnahme ist ebenfalls einzuholen.

Übersicht 18: Zustimmungsverweigerungsgründe

Der Betriebsrat kann die Zustimmung verweigern, wenn

1. die personelle Maßnahme gegen ein **Gesetz**, eine Verordnung, eine Unfallverhütungsvorschrift oder gegen eine Bestimmung in einem Tarifvertrag oder in einer Betriebsvereinbarung oder gegen eine gerichtliche Entscheidung oder eine behördliche Anordnung **verstoßen** würde,
2. die personellen Maßnahmen gegen eine **Richtlinie** nach § 95 BetrVG **verstoßen** würde,
3. die durch Tatsachen begründete Besorgnis besteht, dass in Folge der personellen Maßnahme im Betrieb beschäftigte **Arbeitnehmer gekündigt** werden oder sonstige Nachteile erleiden, ohne dass dies aus betrieblichen oder persönlichen Gründen gerechtfertigt ist. Als Nachteil gilt bei einer unbefristeten Einstellung auch die Nichtberücksichtigung eines gleich geeigneten befristet beschäftigten Arbeitnehmers,
4. der betroffene Arbeitnehmer durch die personelle Maßnahme **benachteiligt** wird, ohne dass dies aus betrieblichen oder in der Person des Arbeitnehmers liegenden Gründen gerechtfertigt ist,
5. eine nach § 93 BetrVG erforderliche **Ausschreibung** im Betrieb **unterblieben** ist oder
6. die durch Tatsachen begründete Besorgnis besteht, dass der für die personelle Maßnahme in Aussicht genommene Bewerber oder Arbeitnehmer den **Betriebsfrieden** durch gesetzwidriges Verhalten oder durch grobe Verletzung der in § 75 Abs. 1 BetrVG enthaltenen Grundsätze, insbesondere durch rassistische oder fremdenfeindliche Betätigung, **stören** werde.

Wenn nun der Betriebsrat seine Zustimmung verweigern will, hat er dies innerhalb einer Woche nach Unterrichtung durch den Arbeitgeber diesem schriftlich mitzuteilen. Er hat die Gründe für die Weigerung darzustellen. Teilt der Betriebsrat dem Arbeitgeber die Verweigerung zu einer Zustimmung nicht innerhalb dieser Wochenfrist schriftlich mit, so gilt die Zustimmung als erteilt.

Hat nun der Betriebsrat fristgemäß, schriftlich und unter Angaben von Gründen nach § 99 Abs. 2 seine Zustimmung verweigert, so kann der Arbeitgeber die Maßnahme zunächst nicht durchführen. Der Arbeitgeber hat aber die Möglichkeit, beim Arbeitsgericht den Antrag auf Ersetzung der Zustimmung zu der personellen Maßnahme zu stellen. Das Arbeitsgericht entscheidet im Beschlussverfahren.

Bei leitenden Angestellten hat der Betriebsrat im Regelfall keine Mitbestimmungsrechte, sondern nur Informationsrechte nach § 105.

Die leitenden Angestellten werden vom Betriebsrat nicht mit repräsentiert. Daher finden die allgemeinen Regelungen über die Mitwirkung und Mitbestimmung des Betriebsrats in personellen Angelegenheiten auf leitende Angestellte keine Anwendung.

Eine Definition für diese Gruppe findet sich in § 5 Abs. 3.

Leitsatz 23

Mitbestimmung

In Unternehmen mit mehr als 20 wahlberechtigten Arbeitnehmern muss der Arbeitgeber den Betriebsrat vor jeder **Einstellung**, **Eingruppierung**, **Umgruppierung** und **Versetzung** eines Arbeitnehmers ausführlich informieren. Der Betriebsrat muss der Maßnahme zustimmen. Äußert er sich nicht innerhalb einer Woche, gilt die Zustimmung als erteilt.

In unserem Fall 16 ist nach der Beteiligung des Betriebsrats hinsichtlich der personellen Einzelmaßnahmen gefragt. Der Geschäftsführer ist unzweifelhaft kein Arbeitnehmer nach § 5 Abs. 2 Nr. 1. Deshalb scheidet ein Mitbestimmungsrecht aus. Es könnten jedoch Beteiligungsrechte nach den §§ 92, 111 und gegebenenfalls bei Vorhandensein eines Wirtschaftsausschusses nach § 106 ff. bestehen. Danach ist hier jedoch nicht gefragt, wir wollen diese Rechte aber auch nicht vergessen. Des weiteren will Daniel Dax einem Abteilungsleiter weitere Kompetenzen übertragen. Diese Übertragung stellt eine Versetzung dar, weil dem Arbeitnehmer für längere Zeit ein anderer Arbeitsbereich zugewiesen wird, der mit einer erheblichen Änderung der Arbeitsbedingungen verbunden ist. Aber auch wenn mit der Übertragung der zusätzlichen Kompetenzen eine Umgruppierung stattfindet, ist der Betriebsrat zu beteiligen. Bezüglich des Minijobbers muss Daniel Dax den Betriebsrat wegen der Einstellung und Eingruppierung beteiligen. Der Betriebsrat kann seine Zustimmung nur wegen der in § 99 Abs. 2 aufgeführten Gründe verweigern. Äußert er sich binnen einer Woche gar nicht, gilt die Zustimmung als erteilt. Falls der Betriebsrat tatsächlich die Zustimmung verweigern sollte, muss Daniel Dax beim Arbeitsgericht beantragen, die Zustimmung ersetzen zu lassen.

Übersicht 19: Beteiligung bei personellen Einzelmaßnahmen

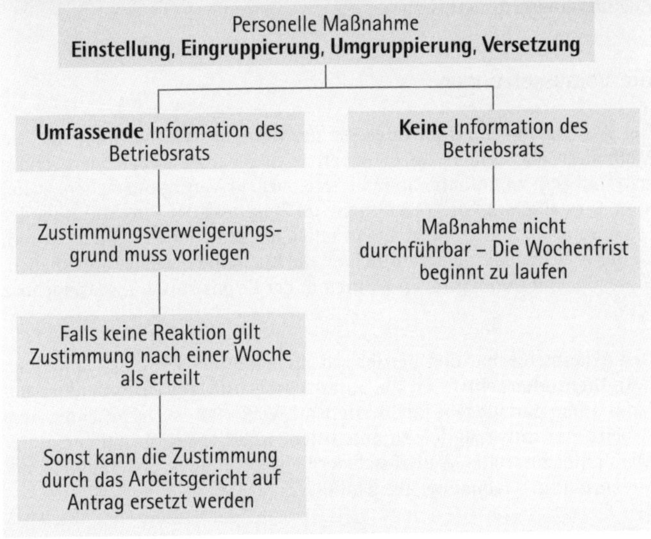

Die Mitbestimmung bei vorläufigen personellen Maßnahmen

Fall 17

Daniel Dax hat es wie immer sehr eilig. Er möchte seinen Abteilungsleiter ab sofort höher eingruppieren und den Minijobber benötigt er sofort zur Entladung eines LKWs. Was muss er betriebsverfassungsrechtlich unternehmen?

In dringenden Fällen kann der Arbeitgeber personelle Maßnahmen auch ohne Zustimmung des Betriebsrates durchführen. Geregelt ist das in § 100. Danach kann der Arbeitgeber, wenn dies aus sachlichen Gründen dringend erforderlich ist, personelle Maßnahmen im Sinne des § 99 Abs. 1 Satz 1 vorläufig durchführen. Das bedeutet, dass der Betriebsrat sich noch nicht geäußert oder er die Zustimmung verweigert hat. Der Arbeitgeber hat den Arbeitnehmer über die Sach- und Rechtslage aufzuklären.

Die Vorschrift des § 100 hat einen **Ausnahmecharakter**. Grundsätzlich ist ein Zustimmungserfordernis für personelle Maßnahmen gegeben. In dringenden Fällen, die sachlich begründet sind, mildert der § 100 das Zustimmungserfordernis ab.

Die Voraussetzungen

Der Arbeitgeber muss im Interesse des Betriebes alsbald handeln. Die Maßnahme darf keinen Aufschub vertragen. Sie muss wirklich notwendig sein und kein zumutbarer anderer Weg darf zur Verfügung stehen. Dabei kommt es allein auf die Verhältnisse im Zeitpunkt der Durchführung der Maßnahme an. Entfällt also nachträglich der dringende sachliche Grund, ist der Arbeitgeber nicht verpflichtet, die Maßnahme wieder aufzuheben. Ein- oder Umgruppierungen können in der Praxis kaum unaufschiebbar sein.

Der Arbeitgeber hat den Betriebsrat unverzüglich von der Maßnahme mündlich oder schriftlich zu unterrichten und die Dringlichkeit der Maßnahme darzulegen. Der Betriebsrat wiederum ist verpflichtet, dem Arbeitgeber unverzüglich zu antworten, wenn er die Dringlichkeit der Maßnahme bestreitet. Äußert sich der Betriebsrat nicht unverzüglich, gilt die vorläufige Maßnahme als gebilligt.

Das Arbeitsgericht

Nach § 100 Abs. 2 Satz 3 ist es dem Arbeitgeber erlaubt, bei Bestreiten der Dringlichkeit die vorläufige personelle Maßnahme trotzdem aufrecht zu erhalten. Er hat allerdings innerhalb von drei Kalendertagen nach der Mitteilung des Betriebsrates das Arbeitsgericht zur Entscheidung anzurufen. Das Arbeitsgericht führt dann ein Beschlussverfahren durch. Hält es die Maßnahme für dringlich und keinen der geltend gemachten Verweigerungsgründe des § 99 Abs. 2 für gegeben, siegt der Arbeitgeber. Die Maßnahme kann er dann endgültig durchführen. Verneint das Arbeitsgericht die Dringlichkeit, darf der Arbeitgeber die Maßnahme weder vorläufig noch endgültig aufrecht erhalten.

Bejaht das Arbeitsgericht zwar die Dringlichkeit der Maßnahme, erkennt es aber die Weigerungsgründe des Betriebsrates an, hat der Feststellungsantrag des Arbeitgebers Erfolg, nicht aber der Antrag auf Ersetzung der Zustimmung. Die Maßnahme war zwar vorläufig gerechtfertigt, ist jetzt aber nicht mehr rechtswirksam und muss aufgehoben werden. Falls das Arbeitsgericht zu dem Ergebnis kommt, dass die verweigerte Zustimmung des Betriebsrates zu der Maßnahme nicht zu ersetzen ist und/oder die Maßnahme offensichtlich nicht dringlich war, bleibt zunächst die Rechtskraft der Entscheidung abzuwarten. Das bedeutet, dass keine Rechtsmittel mehr gegen die Entscheidung eingelegt werden können.

Die vorläufige personelle Maßnahme endet zwei Wochen nach Rechtskraft der Entscheidung. Hierbei sind etwaige zu beachtende Kündigungsfristen nicht erheblich. Die tatsächliche Durchführung des Beschlusses des Arbeitsgerichts über die Beendigung der vorläufigen personellen Maßnahme kann der Betriebsrat durch die Verhängung eines Zwangsgeldes nach § 101 erzwingen.

Im Verhältnis zwischen Arbeitgeber und dem Betroffenen Arbeitnehmer wirkt die gerichtliche Entscheidung rechtsgestaltend.

Falls ein Arbeitnehmer neu eingestellt wurde, bedarf es daher keiner Kündigung. Natürlich hat sich der Arbeitgeber unter Umständen schadenersatzpflichtig gemacht.

Leitsatz 24

Vorläufige Maßnahmen

In **dringenden Fällen** kann der Arbeitgeber nach § 100 BetrVG personelle Maßnahmen auch **ohne** Zustimmung des Betriebsrates durchführen. Er hat ihn nur zu informieren und die Dringlichkeit darzulegen. Widerspricht der Betriebsrat, hat der Arbeitgeber das Arbeitsgericht anzurufen.

In unserem Fall 17 muss Daniel Dax den Betriebsrat unverzüglich über die beiden Maßnahmen unterrichten und die Dringlichkeit darlegen. Das kann er bei der Höhergruppierung gleich unterlassen, da in der Praxis keine dringenden Gründe für eine Umgruppierung vorstellbar sind. Die Höhergruppierung ist als vorläufige Maßnahme nicht denkbar. Der Betriebsrat ist nunmehr verpflichtet, dem Arbeitgeber unverzüglich zu antworten, wenn er die Dringlichkeit der Maßnahme bestreitet. Äußert sich der Betriebsrat nicht unverzüglich, gilt die vorläufige Maßnahme als gebilligt. Aber selbst wenn der Betriebsrat die Dringlichkeit bestreitet, kann Daniel Dax den Minijobber einstellen. Er muss allerdings innerhalb von drei Kalendertagen das Arbeitsgericht einschalten.

Übersicht 20: Vorläufige personelle Maßnahmen

Verfahren bei vorläufigen personellen Maßnahmen:

Durchführung der dringend erforderlichen personellen Maßnahme

▼

Mitteilung an den Betriebsrat

▼

Zustimmung oder keine unverzügliche Äußerung durch Betriebsrat
= die vorläufige Maßnahme bleibt bestehen

▼

Der Betriebsrat bestreitet die dringende Erforderlichkeit

▼

Antrag des Arbeitgebers auf Zustimmungsersetzung an das Arbeitsgericht binnen drei Tagen

▼

Arbeitsgericht lehnte den Ersetzungsantrag ab oder stellt fest, dass die Maßnahme nicht dringend geboten war

▼

Die Maßnahme endet zwei Wochen nach Rechtskraft der Entscheidung

Das Zwangsgeld

Fall 18

Wie in den vorherigen zwei Fällen will Daniel Dax einen Arbeitnehmer sofort höher eingruppieren. Er führt die Umgruppierung durch und teilt dem Betriebsrat mit, es sei eine vorläufige personelle Maßnahme. Der Betriebsrat hat die Dringlichkeit der Maßnahme verneint und das Arbeitsgericht hat ihm Recht gegeben. Trotzdem beendet Daniel Dax die Maßnahme nicht.

Nicht immer hält sich der Arbeitgeber an die gesetzlichen oder richterlichen Vorgaben. Führt der Arbeitgeber eine personelle Maßnahme ohne Zustimmung des Betriebsrates durch, kann der Betriebsrat vor das Arbeitsgericht ziehen. Er kann beantragen, dem Arbeitgeber aufzugeben, die personelle Maßnahme aufzuheben. Das Gleiche gilt, wenn der Arbeitgeber eine vorläufige personelle Maßnahme nach § 100 Abs. 2 oder Abs. 3 aufrecht erhält. Hebt der Arbeitgeber entgegen einer rechtskräftigen gerichtlichen Entscheidung die personelle Maßnahme nicht auf, kann der Betriebsrat beim Arbeitsgericht ein Zwangsgeld nach § 101 beantragen. Das Zwangsgeld beträgt für jeden Tag der Zuwiderhandlung maximal 250,00 €.

Leitsatz 25

!

Das Zwangsgeld

Falls sich der Arbeitgeber nicht an **gerichtliche** Entscheidungen oder **gesetzliche** Vorgaben aus dem Betriebsverfassungsgesetz hält, kann der Betriebsrat ihn zur Einhaltung des Rechts durch die Beantragung eines Zwangsgeldes nach § 101 BetrVG zwingen.

In unserem Fall 18 hat Daniel Dax trotz einer anderslautenden gerichtlichen Entscheidung die Maßnahme nicht aufgehoben. Unterstellt, dass die Entscheidung des Arbeitsgerichts rechtskräftig ist, also kein Rechtsmittel mehr eingelegt werden kann, wird der Betriebsrat ein Zwangsgeld gegen Daniel Dax beantragen.

Übersicht 21: Zwangsgeld wegen pers. Maßnahmen

In diesen Fällen kann der Betriebsrat wegen einer personellen Maßnahmen ein Zwangsgeld beantragen:

1. Fall	Der Arbeitgeber hat eine **endgültige** personelle Maßnahme entgegen § 99 Abs. 1 Satz 1 BetrVG ohne Zustimmung des Betriebsrates durchgeführt.
2. Fall	Der Arbeitgeber hält eine **vorläufige** personelle Maßnahme aufrecht, ohne den Betriebsrat überhaupt oder unverzüglich zu unterrichten, oder nach unverzüglicher Unterrichtung nicht innerhalb von drei Tagen nach abgelehnter Äußerung des Betriebsrats das Arbeitsgerichts angerufen zu haben.
3. Fall	Der Arbeitgeber beschäftigt den Arbeitnehmer noch länger als zwei Wochen nach **negativer** rechtskräftiger Entscheidung des **Arbeitsgerichts** weiter.

Die Mitbestimmung bei ordentlichen Kündigungen

Fall 19

Daniel Dax hat einen weiteren Betrieb mit weniger als 10 Arbeitnehmern. Trotzdem besteht dort ein Betriebsrat. Er möchte einen Beschäftigten kündigen. Wie ist die Rechtslage?

Wir haben in Lektion 12 gesehen, dass der Betriebsrat vor jeder personellen Einzelmaßnahme zu unterrichten ist und seine Zustimmung geben muss, wenn der Betrieb mehr als 20 wahlberechtigte Arbeitnehmer hat. Zur Wiederholung: Personelle Einzelmaßnahmen sind Einstellung, Eingruppierung, Umgruppierung und Versetzung. Bei ordentlichen und außerordentlichen Kündigungen besteht das Mitbestimmungsrecht jedoch auch in Kleinbetrieben, unabhängig von der Arbeitnehmerzahl. Voraussetzung ist natürlich, dass ein Betriebsrat besteht. Aber das versteht sich von selbst. Das

Mitbestimmungsrecht besteht auch, wenn der betroffene Arbeitnehmer keinen Kündigungsschutz hat, also beispielsweise wenn das Kündigungsschutzgesetz keine Anwendung findet. Der Betriebsrat muss allerdings nicht bei Aufhebungsverträgen, dem Auslaufen befristeter Arbeitsverträge oder bei Kündigungen durch die Arbeitnehmer beteiligt werden.

Die Anhörung bei Kündigungen

Der Arbeitgeber hat nach § 102 den Betriebsrat **vor jeder Kündigung** anzuhören. Er muss die Gründe für die Kündigung mitteilen. Wichtig: Eine ohne korrekte Anhörung des Betriebsrats ausgesprochene Kündigung ist unwirksam. Das hört sich erst einmal so einfach an. Viele Kündigungsschutzklagen wurden jedoch bereits von Arbeitnehmern gewonnen, da der Betriebsrat nicht ordnungsgemäß angehört wurde. Neben den Personalien des Arbeitnehmers sind auch die Kündigungsgründe, die Art der Kündigung, also außerordentlich oder ordentlich, die Kündigungsfrist und der Kündigungstermin anzugeben. Falls der zu kündigende Arbeitnehmer Sonderkündigungsschutz hat, er also zum Beispiel schwerbehindert ist, ist das ebenfalls mitzuteilen.

Zu weitergehenden Fragen betreffend Kündigungen und Kündigungsschutz wird auf das Parallelbuch „Arbeitsrecht – *leicht gemacht*®" verwiesen. Dort finden Sie auch konkrete Prüfschemata.

Die Reaktion des Betriebsrats

Wenn der Betriebsrat gegen die ordentliche Kündigung Bedenken hat, so muss er das unter Angabe der Gründe dem Arbeitgeber spätestens innerhalb einer Woche schriftlich mitteilen. Äußert er sich innerhalb dieser Frist nicht, gilt seine Zustimmung zur Kündigung als erteilt. Bei einer außerordentlichen Kündigung muss diese Mitteilung innerhalb von drei Tagen schriftlich erfolgen. Der Arbeitgeber kann also im Zweifel eine ordentliche Kündigung erst eine Woche nach Anhörung des Betriebsrats aussprechen. Falls er vorher tätig wird, ist die Kündigung unwirksam.

Der Betriebsrat kann der ordentlichen Kündigung aber nur aus bestimmten Gründen widersprechen. Andere als die nachfolgenden Gründe bewirken keinerlei Rechtsfolgen.

Übersicht 22: Widerspruchsgründe bei ordentlicher Kündigung

Die Widerspruchsgründe des Betriebsrats gegen eine ordentliche Kündigung:

1.	Der Arbeitgeber hat bei der Auswahl **soziale Gesichtspunkte** nicht oder nicht ausreichend berücksichtigt.
2.	Die Kündigung verstößt gegen eine **Auswahlrichtlinie**.
3.	Es gibt eine **Beschäftigungsmöglichkeit** im selben oder einem anderen Betrieb des Unternehmens.
4.	Die Weiterbeschäftigung ist nach **Umschulungs- oder Fortbildungsmaßnahmen** möglich.
5.	Die Weiterbeschäftigung ist unter **geänderten Vertragsbedingungen** möglich und der Arbeitnehmer erklärt sein Einverständnis damit.

Lesen Sie bitte hierzu den § 102 Abs. 4. Sie sehen, dass der Arbeitgeber die Kündigung trotzdem aussprechen kann.

Hat der Betriebsrat frist- und ordnungsgemäß widersprochen, muss der Arbeitgeber den Arbeitnehmer auf Verlangen nach Ablauf der Kündigungsfrist bis zum rechtskräftigen Abschluss des Rechtsstreites weiterbeschäftigen. Unter bestimmten Voraussetzungen kann nach § 102 Abs. 5 Satz 2 der Arbeitgeber von dieser Verpflichtung entbunden werden.

Voraussetzung dafür ist aber nicht nur der Widerspruch des Betriebsrats, sondern auch, dass der Arbeitnehmer eine Kündigungsschutzklage eingereicht hat. Nur in diesem Fall muss der Arbeitgeber auf Verlangen des Arbeitnehmers diesen nach Ablauf der Kündigungsfrist bis zum rechtskräftigen Abschluss des Rechtsstreit zu unveränderten Arbeitsbedingungen weiterbeschäftigen. Auf Antrag des Arbeitgebers kann das Gericht ihn durch einstweilige Verfügung von der Verpflichtung zur Weiterbeschäftigung nach Satz 1 entbinden, wenn

1. die Klage des Arbeitnehmers keine hinreichende Aussicht auf Erfolg bietet oder mutwillig erscheint oder

2. die Weiterbeschäftigung des Arbeitnehmers zu einer unzumutbaren wirtschaftlichen Belastung des Arbeitgebers führen würde oder

3. der Widerspruch des Betriebsrats offensichtlich unbegründet war.

Leitsatz 26

Die Anhörung des Betriebsrats

Der Arbeitgeber hat den Betriebsrat **vor** jeder **Kündigung** anzuhören. Eine Kündigung ohne ordnungsgemäße Betriebsratsanhörung ist unwirksam.

In unserem Fall 19 muss Daniel Dax also nicht den allgemeinen Kündigungsschutz beachten, da ein Kleinbetrieb nach § 23 Abs. 1 KSchG vorliegt. Den Betriebsrat hat er aber zu beteiligen. Er muss ihn über sämtliche Sozialdaten und insbesondere die Kündigungsgründe ausführlich informieren. Die Kündigung kann er erst nach beendeter Betriebsratsanhörung aussprechen. Wenn sich der Betriebsrat also nicht eher meldet, dann erst mit Ablauf der Wochenfrist.

Übersicht 23: Betriebsratsanhörung vor Kündigung

Der Betriebsrat ist vor jeder Kündigung anzuhören.

▼

Es hat eine umfassende Information zu erfolgen.

▼

Der Betriebsrat muss bei einer ordentlichen Kündigung binnen einer Woche widersprechen, bei einer außerordentlichen Kündigung binnen drei Tagen. Andernfalls gilt die Zustimmung als erteilt.

▼

Die Widerspruchsgründe sind abschließend in § 102 Abs. 3 BetrVG aufgeführt.

Im Falle eines Widerspruchs hat der Arbeitnehmer einen Weiterbeschäftigungsanspruch bis zum rechtskräftigen Abschluss des Rechtsstreits.

▼

Ohne ordnungsgemäße Anhörung des Betriebsrats ist die Kündigung unwirksam.

Die Mitbestimmung bei außerordentlichen Kündigungen und Versetzungen in besonderen Fällen

Wir hatten eben schon gesehen, dass der Betriebsrat bei einer außerordentlichen Kündigung binnen drei Tagen seine Bedenken schriftlich mitzuteilen hat. Bei einigen Beschäftigungsgruppen bestehen jedoch darüber hinaus Besonderheiten.

Fall 20

Auch das noch: Daniel Dax möchte einem Mitglied des Betriebsrat außerordentlich fristlos kündigen, da dieses bei einem Diebstahl von Firmeneigentum beobachtet wurde. Wie ist der Betriebsrat zu beteiligen?

Nach § 103 können Mitglieder der Organe der Betriebsverfassung und deren Wahlbewerber nur mit Zustimmung des Betriebsrats außerordentlich gekündigt werden. Wir wissen bereits, dass eine ordentliche Kündigung ohnehin auf Grund des Kündigungsschutzes nicht möglich ist. Verweigert der Betriebsrat seine Zustimmung, kann das Arbeitsgericht sie auf Antrag des Arbeitgebers ersetzen, wenn die außerordentliche Kündigung gerechtfertigt ist.

Auch eine **Versetzung** dieser Personen, die zu einem Verlust des Amtes oder der Wählbarkeit führen würden, bedarf der Zustimmung des Betriebsrates, es sei denn, der betroffene Arbeitnehmer ist mit der Versetzung einverstanden.

Beachten Sie auch dabei die **Legaldefinition** einer Versetzung im betriebsverfassungsrechtlichen Sinne in § 95 Abs. 3!

Leitsatz 27

Kündbarkeit von Betriebsratsmitgliedern

Mitglieder der Betriebsverfassungsorgane sind nur **außerordentlich** kündbar. Der Betriebsrat ist anzuhören und muss der Kündigung zustimmen.

In unserem Fall 20 muss Daniel Dax den Betriebsrat also nicht nur ordnungsgemäß anhören, der Betriebsrat muss sogar der Kündigung zustimmen. Verweigert der Betriebsrat die Zustimmung, kann Daniel Dax versuchen, die Zustimmung durch das Arbeitsgericht ersetzen zu lassen.

Übersicht 24: Kündigung von Betriebsratsmitgliedern

Der Betriebsrat ist zu beteiligen:

Der Betriebsrat ist vor jeder Kündigung oder Versetzung, die zum Verlust des Amtes oder der Wählbarkeit führt, anzuhören.

▼

Es hat eine umfassende Information zu erfolgen.

▼

Der Betriebsrat muss zustimmen.

▼

Falls keine Zustimmung vorliegt, kann der Arbeitgeber beim Arbeitsgericht beantragen, die Zustimmung ersetzen zu lassen.

Die Entfernung betriebsstörender Arbeitnehmer

Fall 21

Im Betrieb von Daniel Dax ist ein Mitarbeiter aufgefallen, der rassistische Äußerungen tätigt. Der Betriebsrat verlangt von Daniel Dax die Entlassung des Arbeitnehmers.

Der Betriebsrat kann vom Arbeitgeber nach § 104 nämlich auch die Entlassung oder Versetzung von Arbeitnehmern verlangen.

Das gilt aber nur für Arbeitnehmer im Sinne des BetrVG, also insbesondere nicht für leitende Angestellte. Streitig ist, ob die Bestimmung auch für Leiharbeitnehmer und freie Mitarbeiter gilt.

Voraussetzung ist aber immer, dass der Arbeitnehmer durch sein Verhalten den **Betriebsfrieden** wiederholt ernstlich gestört hat. Dabei kommt ein gesetzwidriges Verhalten oder eine grobe Verletzung der in § 75 Abs. 1 enthaltenen Grundsätze in Betracht.

Nach § 75 dürfen keine Diskriminierungen wegen

- der Rasse,
- der ethischen Herkunft,
- der Abstammung,
- Religion,
- Nationalität,
- Herkunft,
- politischen oder gewerkschaftlichen Betätigung,
- des Geschlechts,
- der sexuellen Identität oder
- der Überschreitung bestimmter Altersstufen

vorkommen.

Voraussetzung für das Verlangen des Betriebsrats auf Entlassung oder Versetzung ist die wiederholte und ernsthafte Störung des Betriebsfriedens. Der Arbeitnehmer muss also mindestens zwei Handlungen begangen haben.

Entspricht der Arbeitgeber dem Verlangen des Betriebsrats, kündigt er das Arbeitsverhältnis des Arbeitnehmers: je nach Schwere des Verstoßes durch eine außerordentliche oder ordentliche Kündigung. Natürlich kann der betroffene Arbeitnehmer vor dem Arbeitsgericht klagen. Das Arbeitsgericht ist an eine Einigung zwischen dem Arbeitgeber und dem Betriebsrat nicht gebunden.

Entspricht der Arbeitgeber dem Verlangen des Betriebsrats auf Versetzung, so ist der Betriebsrat noch nach § 99 zu beteiligen.

Das Arbeitsgericht entscheidet

Weigert sich der Arbeitgeber die vom Betriebsrat beantragte Kündigung oder Versetzung vorzunehmen, so kann der Betriebsrat das Arbeitsgericht anrufen. Dieses entscheidet dann im Beschlussverfahren.

Stellt das Gericht fest, dass das Verlangen des Betriebsrats auf Entlassung des Arbeitnehmers begründet ist, hat der Arbeitgeber ohne schuldhaftes Verzögern eine Kündigung auszusprechen. Stellt das Gericht fest, dass das Verlangen des Betriebsrates auf Versetzung begründet ist, hat der Arbeitgeber den betreffenden Arbeitnehmer unverzüglich an einen anderen Arbeitsplatz zu versetzen.

Kommt der Arbeitgeber dem rechtskräftigen Beschluss nicht nach, so kann der Betriebsrat nunmehr einen Antrag beim Arbeitsgericht stellen, den Arbeitgeber durch Verhängung eines Zwangsgeldes zur Befolgung der gerichtlichen Anordnungen anzuhalten. Das Höchstmaß des Zwangsgeldes beträgt für jeden Tag der Zuwiderhandlung 250,00 €.

Leitsatz 28

Störung des Betriebsfriedens

Falls Arbeitnehmer wiederholt und ernsthaft den Betriebsfrieden stören, kann der Betriebsrat vom Arbeitgeber nach § 104 BetrVG die **Entlassung** oder Versetzung verlangen.

Im Fall 21 mag ein Grund für eine fristlose außerordentliche Kündigung bestehen. Gegebenenfalls ist Daniel Dax sogar verpflichtet, seine übrigen Arbeitnehmer vor dem rassistischen Arbeitnehmer zu schützen. Der Betriebsrat kann aber nach § 104 die Entfernung des Arbeitnehmers nicht verlangen, da nach dem Sachverhalt der Betriebsfrieden nicht wiederholt, sondern nur einmal gestört wurde.

Übersicht 25: Entfernung betriebsstörender Arbeitnehmer

Wiederholtes und ernsthaftes Störung des Betriebsfriedens

▼

Verlangen des Betriebsrats auf Entfernung oder Versetzung

▼

Bei Versetzung ist der Betriebsrat nach § 92 BetrVG zu beteiligen, bei einer Kündigung nach § 102 BetrVG

▼

Falls der Arbeitgeber sich weigert, kann das Arbeitsgericht angerufen werden.

▼

Je nach Entscheidung des Arbeitsgerichts hat der Arbeitgeber eine Kündigung auszusprechen.

Lektion 11: Wirtschaftliche Angelegenheiten

Die Beteiligung des Betriebsrats in wirtschaftlichen Angelegenheiten teilt das Gesetz in zwei Bereiche auf. Mit dem **Wirtschaftsausschuss** und der Unterrichtung der Arbeitnehmer in den §§ 91 bis 110 wollen wir uns nur kurz beschäftigen um dann die wichtigen §§ 111 bis 113 mit den Bereichen **Betriebsänderungen**, **Interessenausgleich** und **Sozialplan** ausführlich zu erörtern.

Fall 22

Daniel Dax kommt nicht zur Ruhe: In seinem Betrieb sind 80 Arbeitnehmer beschäftigt. Der Betriebsrat möchte den Jahresabschluss des vergangenen Jahres einsehen. Wie ist die Rechtslage?

Das Betriebsverfassungsgesetz schränkt die unternehmerische Entscheidungsfreiheit grundsätzlich nicht ein. Daher bestehen im Bereich der wirtschaftlichen Angelegenheiten des Unternehmens nur sehr begrenzte Beteiligungsrechte. Nach § 106 ist ein Wirtschaftsausschuss in Unternehmen zu bilden, die in der Regel mehr als 100 ständig beschäftigte Arbeitnehmer haben. Bitte achten Sie darauf, dass es nicht um den Betrieb, sondern um das Unternehmen geht. Ein Unternehmen kann aus mehreren Betrieben bestehen. Der Wirtschaftsausschuss soll mit dem Unternehmer die wirtschaftlichen Angelegenheiten beraten und den Betriebsrat unterrichten. Das setzt natürlich voraus, dass der Unternehmer den Wirtschaftsausschuss rechtzeitig und umfassend unterrichtet. Er besteht aus mindestens drei und höchsten sieben Mitgliedern, die dem Unternehmen angehören müssen. Ein Mitglied davon muss auch Mitglied des Betriebsrats sein. Der Wirtschaftsausschuss soll monatlich einmal zusammentreten. Der Unternehmer hat an den Sitzungen teilzunehmen. Bitte lesen Sie die §§ 106 bis 109.

Unterrichtung der Arbeitnehmer

In Betrieben mit in der Regel mehr als 1000 ständig beschäftigten Arbeitnehmern hat der Unternehmer zusätzlich mindestens einmal in jedem Kalendervierteljahr die Arbeitnehmer schriftlich über die wirtschaftliche Lage und Entwicklung des Unternehmens zu unterrichten. Zuvor ist eine Abstimmung mit dem Wirtschaftsausschuss und dem Betriebsrat erforderlich. In kleineren Betrieben, in denen wenigstens mehr als 20 wahlberechtigte Arbeitnehmer sind, kann die Unterrichtung nach § 110 Abs. 2 auch mündlich erfolgen.

Zu den wirtschaftlichen Angelegenheiten gehören insbesondere

- die wirtschaftliche und finanzielle Lage des Unternehmens
- die Produktions- und Absatzlage
- das Produktions- und Investitionsprogramm
- Rationalisierungsvorhaben
- Fabrikations- und Arbeitsmethoden, insbesondere die Einführung neuer Arbeitsmethoden
- Fragen des betrieblichen Umweltschutzes
- die Einschränkung oder Stilllegung von Betrieben oder von Betriebsteilen
- die Verlegung von Betrieben oder Betriebsteilen
- der Zusammenschluss oder die Spaltung von Unternehmen oder Betrieben
- die Änderung der Betriebsorganisation oder des Betriebszwecks sowie
- sonstige Vorgänge und Vorhaben, welche die Interessen der Arbeitnehmer des Unternehmens wesentlich berühren können.

Leitsatz 29

Der Wirtschaftsausschuss

In Unternehmen mit mehr als 100 beschäftigten Arbeitnehmern ist ein Wirtschaftsausschuss zu bilden. Er hat die Aufgabe wirtschaftliche Angelegenheiten mit dem Unternehmer zu **beraten** und den Betriebsrat zu **unterrichten**.

In unserem Fall 22 hat der Betriebsrat kein Recht, den Jahresabschluss einzusehen. Daniel Dax muss allerdings nach § 110 Abs. 2 die Arbeitnehmer in jedem Kalendervierteljahr über die wirtschaftliche Lage und Entwicklung des Unternehmens unterrichten. Den Betriebsrat hat darüber hinaus über die Personalplanung nach § 92 zu informieren. Weitere Informationsrechte in wirtschaftlichen Angelegenheiten bestehen für den Betriebsrat aber nicht.

Übersicht 26: Bildung des Wirtschaftsausschusses

Nur bei mehr als 100 ständig beschäftigten Arbeitnehmern

▼

Aufgabe: Beratung in wirtschaftlichen Angelegenheiten mit dem Unternehmer und Information des Betriebsrats

▼

Mindestens drei und höchsten sieben Mitglieder, davon mindestens ein Betriebsratsmitglied

▼

Umfassende Unterrichtungspflichten des Arbeitgebers

Und nun zum Bereich der Betriebsänderungen:

Fall 23

Daniel Dax möchte zwei seiner Betriebe zusammenlegen und in beiden Betrieben Arbeitnehmer entlassen. Einer der Standorte soll aufgegeben werden. In beiden Betrieben existiert ein Betriebsrat. Was muss Daniel Dax betriebsverfassungsrechtlich alles bedenken?

Bei Betriebsänderungen hat der Betriebsrat erhebliche Mitwirkungsmöglichkeiten. Nun sehen wir uns zunächst an, was eine Betriebsänderung ist.

Leitsatz 30

Voraussetzungen einer Betriebsänderung

→ **Einschränkung, Stilllegung** oder **Verlegung** des ganzen Betriebs oder von wesentlichen Betriebsteilen

→ **Zusammenschluss** mit anderen Betrieben

→ **Spaltung** von Betrieben

→ **Grundlegende Änderungen** der Betriebsorganisation, des Betriebszwecks oder der Betriebsanlagen

→ Einführung grundlegend neuer **Arbeitsmethoden** und **Fertigungsverfahren**

Falls in einem Betrieb in der Regel mehr als 20 wahlberechtigte Arbeitnehmer vorhanden sind, hat der Unternehmer den Betriebsrat über

- geplante Betriebsänderungen,
- die wesentliche Nachteile für die Belegschaft oder
- erhebliche Teile der Belegschaft
- zur Folge haben können,
- rechtzeitig und umfassend zu unterrichten.

Er hat die geplante Betriebsänderung mit dem Betriebsrat zu beraten. Der Betriebsrat kann in Unternehmen mit mehr als 300 Arbeitnehmern zu seiner Unterstützung einen Berater hinzuziehen.

Interessenausgleich und Sozialplan

Nach erfolgter Unterrichtung über die geplante Betriebsänderung haben Arbeitgeber und Betriebsrat über einen Interessenausgleich und einen Sozialplan zu beraten. Der Interessenausgleich ist eine Einigung über die organisatorischen Fragen, nämlich ob, wann und wie die Betriebsänderung durchgeführt wird. Für den Sozialplan liegt eine Legaldefinition in § 112 Abs. 1 Satz 2 vor. Er ist eine Einigung über den Ausgleich oder die Milderung der wirtschaftlichen Nachteile, die den Arbeitnehmern infolge der geplanten Betriebsänderung entstehen. Der Sozialplan hat die Wirkung einer Betriebsvereinbarung. Scheitern die Verhandlungen über den Interessenausgleich und den Sozialplan kann nach § 112 Abs. 2 unter anderem die Einigungsstelle angerufen werden.

Der Betriebsrat kann aber grundsätzlich keinen Interessenausgleich und keinen Sozialplan erzwingen. Die einzige Ausnahme besteht in § 112a. Die Arbeitnehmer sind nur durch § 113 geschützt: Weicht der Unternehmer von einem Interessenausgleich über die geplante Betriebsänderung ohne zwingenden Grund ab oder führt er eine Betriebsänderung durch, ohne einen Interessenausgleich versucht zu haben, bestehen **Nachteilsausgleichsansprüche**. Die Arbeitnehmer können beim Arbeitsgericht entsprechend § 10 Kündigungsschutzgesetz Anträge zur Zahlung von Abfindungen stellen. Nach dem Bundesarbeitsgericht muss der Unternehmer den Interessenausgleich ernsthaft versucht haben, also in der Regel auch die Einigungsstelle angerufen haben.

Lesen Sie bitte den eben zitierten § 112a. Dort sind die Fälle des erzwingbaren Sozialplans bei Personalabbau sowie Ausnahmen bei Neugründungen von Unternehmen festgeschrieben.

Nun einmal zur Praxis: Welche Vorteile hat ein Arbeitgeber vom Abschluss eines Interessenausgleichs und eines Sozialplans? Zunächst einmal muss er keine Ansprüche auf Nachteilsausgleich aus § 113 befürchten. Das hatten wir eben schon gesehen. Ein Sozialplan ist jedoch auch eine Betriebsvereinbarung. Bitte schauen Sie noch einmal in § 1 Abs. 4 Kündigungsschutzgesetz. Wenn in einem Sozialplan die Sozialauswahl festgelegt wurde, kann das Gericht sie nur noch auf grobe Fehlerhaftigkeit überprüfen. Der Arbeitgeber hat also große Chancen, bei Abschluss eines Interessenausgleichs und Sozialplans etwaige Kündigungsschutzklagen, die gegen die auszusprechenden Kündigungen erhoben werden könnten, zu gewinnen.

Es schreckt viele Arbeitnehmer auch ab, überhaupt eine Klage zu erheben. Viele Betriebsräte, die einen Interessenausgleich mit Namensliste und einen Sozialplan abgeschlossen haben, raten ihren (ehemaligen) Kollegen dann auch, nicht vor das Arbeitsgericht zu ziehen.

Leitsatz 31

Betriebsänderungen

Der Arbeitgeber hat den Betriebsrat über geplante Betriebsänderung zu unterrichten und sie mit ihm zu beraten. Danach haben Arbeitgeber und Betriebsrat über einen **Interessenausgleich** und einen **Sozialplan** zu beraten. Der Interessenausgleich ist eine Einigung über die organisatorischen Fragen, der Sozialplan ist eine Einigung über den Ausgleich oder die Milderung der wirtschaftlichen Nachteile.

In unserem Fall 23 hat Daniel Dax jetzt viel zu tun: Es liegt eine Betriebsänderung nach § 111 Satz 3 Nr. 3 vor. Es sind also beide Betriebsräte umfassend zu informieren und es sind Interessenausgleiche und Sozialpläne in beiden Betrieben abzuschließen. Wenn Arbeitnehmer von einem Betrieb in den anderen versetzt werden sollen, sind ebenfalls beide Betriebsräte nach § 99 wegen der Versetzung, Einstellung und Eingruppierung zu beteiligen. Vor den Kündigungen sind die Betriebsräte nach § 102 anzuhören. Hinzu kommt noch, dass Daniel Dax hoffentlich nicht die Unterrichtung nach § 90 und 92 und seine Wirtschaftsräte nach § 106 vergessen hat.

Übersicht 27: Beteiligungsrechte bei Betriebsänderungen

Mehr als 20 wahlberechtigte Arbeitnehmer im Betrieb

▼

Unterrichtungspflicht gegenüber dem Betriebsrat bei geplanten Betriebsänderungen, die wesentliche Nachteile für die Belegschaft oder erhebliche Teile der Belegschaft zur Folge haben können

▼

Beratungspflicht für Arbeitgeber und Betriebsrat

▼

Beratung über Interessenausgleich und Sozialplan

Lektion 12: Die Betriebsvereinbarung

Schon häufig haben wir jetzt den Begriff der Betriebsvereinbarung verwendet. Nach § 77 Abs. 1 ist es Sache des Arbeitgebers Vereinbarungen, die mit dem Betriebsrat getroffen wurden, durchzuführen. Eine besondere Form der Vereinbarung ist die Betriebsvereinbarung.

Fall 24

Daniel Dax ist ein großer Gönner. Er hat mit seinem Betriebsrat eine Betriebsvereinbarung zur Zahlung einer Weihnachtsgratifikation abgeschlossen. Nun möchte er zur Motivationssteigerung seiner Mitarbeiter den Verteilungsmaßstab ändern oder gar keine Gratifikation mehr zahlen. Was muss Daniel Dax tun?

Die Rechtsnatur der Betriebsvereinbarung ist umstritten. Die herrschende Meinung sieht nach der Vertragstheorie in ihr einen kollektiven Normenvertrag. Die Betriebsvereinbarung bezieht sich also zunächst auf das Rechtsverhältnis zwischen Arbeitgeber und Betriebsrat, kann jedoch auch Bezug auf die Individualarbeitsverträge nehmen und diese unmittelbar inhaltlich verändern. Dabei müssen die Betriebsparteien jedoch beachten, dass nach § 77 Abs. 3 das Arbeitsentgelt und sonstige Arbeitsbedingungen, die durch Tarifvertrag geregelt sind oder üblicherweise geregelt werden, nicht Gegenstand einer Betriebsvereinbarung sein dürfen. Es ist zu unterscheiden zwischen freiwilligen und erzwingbaren Betriebsvereinbarungen. Letztere liegen dann vor, wenn dem Betriebsrat ein zwingendes Mitbestimmungsrecht zusteht. Sie sind **formbedürftig**, das heißt schriftlich abzuschließen und zu unterzeichnen. Andere, nicht formbedürftig Vereinbarungen nennt man Regelungsabreden oder Betriebsabsprachen. Der Arbeitgeber hat die Betriebsvereinbarung an einer geeigneten Stelle im Betrieb auszulegen, damit jeder Arbeitnehmer Einsicht nehmen kann. Inhalt der Betriebsvereinbarung können Regelungen über betriebliche und betriebsverfassungsrechtliche Fragen über Inhalt, Abschluss und Beendigung von Arbeitsverhältnissen sein. Deshalb sind auch Auswahlrichtlinien im Sinne des § 95 Betriebsvereinbarungen. Bei Betriebsvereinbarungen gilt im Verhältnis zu den Arbeitnehmern das **Günstigkeitsprinzip**. Das bedeutet, dass jeder Arbeitnehmer sich auf die für ihn günstigste Regelung berufen kann, sei sie im Arbeitsvertrag, einer Betriebsvereinbarung oder einem Tarifvertrag niedergelegt. Für das Verhältnis zwischen Betriebsvereinbarung und Tarifvertrag gilt jedoch etwas anderes. Die **Sperrwirkung** des bereits oben besprochenen § 77

Abs. 3 bewirkt für die dort angeführten Regelungsgegenstände, dass hier das Günstigkeitsprinzip nicht zur Anwendung kommt.

Das Ende einer Betriebsvereinbarung

Die Betriebsvereinbarung kann wie jeder Vertrag enden: durch Kündigung, Vereinbarung, mit Zweckerreichung oder durch Zeitablauf im Falle der Befristung. Sie entfällt aber auch bei Stilllegung des Betriebes oder endgültigem Fortfall des Betriebsrats. Hauptfall ist die Beendigung durch Kündigung. Sie ist nach § 77 Abs. 5 mit einer Frist von drei Monaten möglich. In Fällen der erzwingbaren Mitbestimmung gelten die Regelungen der Betriebsvereinbarung gem. § 77 Abs. 6 nach deren Ablauf solange weiter, bis sie durch eine neue Betriebsvereinbarung, einen Tarifvertrag oder andere Abmachungen ersetzt werden. Diese Nachwirkung betrifft also die Fälle, in denen der Spruch der Einigungsstelle eine gescheiterte Einigung zwischen Arbeitgeber und Betriebsrat ersetzen kann, wie zum Beispiel in den sozialen Angelegenheiten des § 87. Keine Nachwirkung gibt es jedoch beispielsweise in den Fällen des § 88. Dann endet die Betriebsvereinbarung zum Ablauf der Kündigungsfrist.

Leitsatz 32

Die Betriebsvereinbarung

Eine Betriebsvereinbarung ist ein **Vertrag** zwischen Arbeitgeber und Betriebsrat. **Erzwingbare** Betriebsvereinbarungen liegen vor, wenn dem Betriebsrat ein zwingendes Mitbestimmungsrecht zusteht. Die Betriebsvereinbarung kann wie jeder Vertrag **enden**. In Fällen der erzwingbaren Mitbestimmung gelten die Regelungen der Betriebsvereinbarung auch nach deren Ablauf weiter.

In unserem Fall 24 kann Daniel Dax also die Betriebsvereinbarung kündigen. Er ist mit Ablauf des Kündigungsdatums auch nicht mehr zur Zahlung von Weihnachtsgeld verpflichtet. Falls er aber den Verteilungsmaßstab ändern will, ist das ein Fall, in dem der Betriebsrat ein erzwingbares Mitbestimmungsrecht nach § 87 Abs. 1 Nr. 10, Abs. 2 besitzt.

Der Betriebsrat und die Unternehmensleitung können aber auch eine formlose Regelungsabrede, die auch als Betriebsabsprache bezeichnet wird, treffen. Sie sind nämlich nicht daran gebunden, Einigungen in Form einer Betriebsvereinbarung zu treffen.

Diese formlosen Regelungsabreden bieten sich hauptsächlich für **organisatorische Fragen** an oder eben dann, wenn der Abschluss einer Betriebsvereinbarung sogar unzulässig ist. Die Regelungsabrede wirkt nur zwischen den abschließenden Betriebspartnern.

Beispiele:

- Beteiligungsrechte des Betriebsrats in personellen Angelegenheiten,
- Zeitpunkt der Betriebsratsprechstunden,
- sachliche Ausstattung des Betriebsratsbüros,
- Festlegung des Zeitpunkts von Betriebsratsschulungen

Wichtig zu wissen ist allerdings, dass diese formlose Regelungsabrede keine Wirkung gegenüber den Arbeitnehmern entfaltet. **Es fehlt also die normative Wirkung.** Der Arbeitgeber hat eine solche Regelungsabrede gegebenenfalls durch eine Vertragsänderung oder auch durch eine Änderungskündigung gegenüber den einzelnen Arbeitnehmern durchzusetzen.

Der **Unterschied** zur Betriebsvereinbarung liegt also darin, dass die Regelungsabrede

- formfrei abgeschlossen werden kann,
- nur schuldrechtliche Wirkung entfaltet,
- eine Betriebsvereinbarung nicht ablösen kann.

Eine **Kündigung** ist nach § 77 Abs. 5 analog möglich, ebenso wie eine **Nachwirkung** in mitbestimmungspflichtigen Angelegenheiten nach § 77 Abs. 6 analog.

Betriebliche Beschäftigungsbündnisse

In die Bereiche der Betriebsvereinbarungen und der formlosen Regelungsabreden fallen auch die **betrieblichen Beschäftigungsbündnisse**. Darin verpflichtet sich der Arbeitgeber beschäftigungssichernde Maßnahmen im Tausch gegen Zugeständnisse der Arbeitnehmer zu treffen.

Wenn Daniel Dax im **Fall 24** also keine Gratifikation mehr zahlen möchte, könnte er sich im Gegenzug dazu verpflichten, in den nächsten zwei Jahren keine betriebsbedingten Kündigungen oder Änderungskündigungen auszusprechen. Wenn der Betriebsrat dies mit trägt, spricht man von einem betrieblichen Beschäftigungsbündnis.

Häufig stehen diese Bündnisse im **Widerspruch zu einem Tarifvertrag**. Das gilt insbesondere dann, wenn ein Tarifvertrag keine **Öffnungsklausel** für solche Beschäftigungsbündnisse vorsieht. Eine Betriebsvereinbarung kann nicht abgeschlossen werden, da sie an § 77 Abs. 3 scheitern würde. Eine Betriebsabsprache ist ebenfalls nicht möglich, da es sich um eine unzulässige **Umgehung** handeln würde.

Daniel Dax müsste dann versuchen, einen Einzeltarifvertrag auszuhandeln. Es müssen also der Arbeitgeberverband und die entsprechende Gewerkschaft zustimmen.

Der Regelfall für betriebliche Absprachen ist und bleibt aber die Betriebsvereinbarung.

Übersicht 28: Betriebsvereinbarungen
Betriebsvereinbarungen sind wichtige Elemente der Betriebsverfassung.
Die Betriebsvereinbarung bezieht sich auf das Rechtsverhältnis zwischen Arbeitgeber und Betriebsrat.
▼
Es gibt freiwillige und erzwingbare Betriebsvereinbarungen. Erzwingbare Betriebsvereinbarungen liegen vor, wenn dem Betriebsrat ein zwingendes Mitbestimmungsrecht zusteht.
▼

Beendigung durch: Kündigung, Vereinbarung, mit Zweckerreichung, durch Zeitablauf im Falle der Befristung, Stilllegung des Betriebes oder endgültigen Fortfall des Betriebsrats.

▼

In Fällen der erzwingbaren Mitbestimmung gelten die Regelungen der Betriebsvereinbarung auch nach deren Ablauf weiter.

Lektion 13: Grundsätze für die Zusammenarbeit im Betrieb

Streitigkeiten aus dem BetrVG werden vor den Arbeitsgerichten, den Einigungsstellen oder tariflichen Schlichtungsstellen ausgefochten. Bevor wir uns damit beschäftigen, wollen wir die grundlegenden Fragen der Zusammenarbeit erörtern. Auch daraus ergeben sich häufig schon Streitigkeiten.

Fall 25

Daniel Dax ist alt und grau geworden. Er teilt dem Betriebsrat vertrauensvoll mit, dass er sich im nächsten Jahr zur Ruhe setzten will und sein Unternehmen verkaufen möchte. Weitere Planungen existieren noch nicht. Er teilt dem Betriebsrat mit, dass diese Information geheimhaltungsbedürftig ist. Der Betriebsrat veröffentlicht die Absicht von Daniel Dax im Intranet.

Nach § 2 Abs. 1 haben Arbeitgeber und Betriebsrat vertrauensvoll und zum Wohl der Arbeitnehmer und des Betriebes zusammenzuarbeiten. Auch die Einhaltung der Geheimhaltungsvorschriften der §§ 79, 99 Abs. 1 Satz 3 (bitte nachlesen!) gehören dazu. Arbeitgeber und Betriebsrat sollen nach § 74 Abs. 1 mindestens einmal im Monat zu einer Besprechung zusammentreten. Sie haben über strittige Fragen mit dem ernsten Willen zur Einigung zu verhandeln und Vorschläge für die Beilegung von Meinungsverschiedenheiten zu machen.

Bei dieser Gelegenheit können wie auch einmal in das SGB IX schauen: Die Schwerbehindertenvertretung ist zu den Besprechungen hinzuzuziehen, sofern schwerbehinderte Menschen betroffen sind (95 Abs. 2 und 4 SGB IX). Im Übrigen hat sie das Recht, an allen Sitzungen des Betriebsrates beratend teilzunehmen.

Weiterhin haben die Betriebsverfassungsparteien die Pflicht zur Wahrung des Betriebsfriedens nach § 74 Abs. 2 Satz 2. Danach ist jede parteipolitische Betätigung im Betrieb zu unterlassen und Maßnahmen des Arbeitskampfes zwischen Arbeitgeber und Betriebsrat sind unzulässig. Arbeitgeber und Betriebsrat haben die Arbeitnehmer nach § 75 vor Diskriminierungen und Benachteiligungen zu schützen. Insbesondere muss jede Benachteiligung von Personen aus Gründen ihrer Rasse oder wegen ihrer ethnischen Herkunft, ihrer Abstammung oder sonstigen Herkunft, ihrer Nationalität, ihrer Religion oder Weltanschauung, ihrer Behinderung, ihres Alters, ihrer politischen oder gewerkschaftlichen Betätigung oder Einstellung oder wegen ihres Geschlechts oder ihrer sexuellen Identität unterbleiben.

Und auch ein Blick in das neue allgemeine Gleichbehandlungsgesetz (AGG) kann an dieser Stelle nicht schaden: Nach § 17 AGG sind die Tarifvertragsparteien, Arbeitgeber, Beschäftigte und deren Vertretungen, also auch die Betriebsräte, aufgefordert, im Rahmen ihrer Aufgaben und Handlungsmöglichkeiten an der Verwirklichung der Ziele des AGG mitzuwirken.

In betriebsratsfähigen Betrieben können bei einem groben Verstoß des Arbeitgebers gegen Vorschriften aus dem AGG der Betriebsrat oder eine im Betrieb vertretene Gewerkschaft die Rechte aus § 23 Abs. 3 gerichtlich geltend machen. Mit dem Antrag dürfen jedoch nicht Ansprüche der benachteiligten Arbeitnehmer verfolgt werden.

Ein besonderes Problem ist die gewerkschaftliche Betätigung von Betriebsratsmitgliedern. Grundsätzlich ist das nicht verboten. Der § 74 Abs. 3 legitimiert sogar die Betätigung als Gewerkschaftsmitglied im Betrieb. Informationen und Werbung für die Gewerkschaft sind also gestattet. Es darf nur nicht passieren, dass der Betriebsrat als ein Organ der Betriebsverfassung oder als ein Amtsträger unter Ausnutzung seiner Amtsstellung tätig wird. Als Amtsträger hat das Gewerkschaftsmitglied die Pflicht, dafür zu sorgen, dass eine unterschiedliche Behandlung der Arbeitnehmer auf Grund ihrer gewerkschaftlichen Betätigung oder Einstellung unterbleibt. Damit haben die Betriebsräte alles zu unterlassen, was das Vertrauen der Belegschaft in die Objektivität und Neutralität der Amtsführung erschüttern könnte.

Zur Durchführung seiner Aufgaben ist der Betriebsrat rechtzeitig und umfassend vom Arbeitgeber zu unterrichten. Auch das ist ein Grundsatz für die vertrauensvolle Zusammenarbeit im Betrieb. Deshalb soll § 80, der die allgemeinen Aufgaben des Betriebsrates beschreibt, an dieser Stelle erläutert werden.

Übersicht 29: Allgemeine Aufgaben des Betriebsrats

Der Betriebsrat hat:

→ darüber zu **wachen**, dass die zugunsten der Arbeitnehmer vorhandenen Rechtsnormen durchgeführt werden

→ Maßnahmen, die dem Betrieb und der Belegschaft dienen, beim Arbeitgeber zu **beantragen**

→ die Durchsetzung der tatsächlichen **Gleichstellung** von Frauen und Männern und die Vereinbarkeit von Familie und Erwerbstätigkeit zu fördern

→ **Anregungen** von Arbeitnehmern entgegenzunehmen und gegebenenfalls diese durchzusetzen

→ die Eingliederung **Schwerbehinderter** und sonstiger besonders schutzbedürftiger Personen zu fördern

→ die Wahl einer **Jugend- und Auszubildendenvertretung** vorzubereiten und durchzuführen

→ die Beschäftigung **älterer** Arbeitnehmer im Betrieb zu fördern

→ die Integration **ausländischer** Arbeitnehmer im Betrieb zu fördern sowie Maßnahmen zur Bekämpfung von Rassismus und Fremdenfeindlichkeit im Betrieb zu beantragen

→ die **Beschäftigung** im Betrieb zu fördern und zu sichern und

→ Maßnahmen des **Arbeitsschutzes** und des betrieblichen **Umweltschutzes** zu fördern

Der Arbeitgeber muss dem Betriebsrat auch die erforderlichen Unterlagen zur Verfügung stellen. So weit erforderlich, hat der Arbeitgeber ihm sachkundige Arbeitnehmer als Auskunftspersonen zur Verfügung zu stellen und der Betriebsrat kann nach Vereinbarung mit dem Arbeitgeber Sachverständige hinzuziehen. Das kann auch beispielsweise ein Rechtsanwalt sein.

Bei groben Verstößen des Arbeitgebers gegen seine Verpflichtungen aus dem Betriebsverfassungsgesetz kommt ein Antrag nach § 23 Abs. 3 in Betracht. Das Arbeitsgericht gibt dem Arbeitgeber dann auf, eine Handlung zu unterlassen, eine Handlung zu dulden oder eine Handlung vorzunehmen.

Daneben bestehen eigenständige Erfüllungs- oder Durchsetzungsansprüche beispielsweise für die Vorlage von Unterlagen (§ 80 Abs. 2), Vornahme von Unterrichtungen (§ 102) oder die Aufhebung einer personellen Einzelmaßnahme (§ 101). Weiterhin besteht ein allgemeiner (auch vorbeugender) Unterlassungsanspruch bei dem Verstoß gegen Mitbestimmungsrechte.

Falls der Betriebsrat oder eines seiner Mitglieder grob eine gesetzliche Pflicht verletzt, kann nach § 23 Abs. 1 durch Beschluss der Betriebsrat aufgelöst bzw. das Mitglied aus dem Betriebsrat ausgeschlossen werden.

Leitsatz 33

Die Zusammenarbeit

Arbeitgeber und Betriebsrat

- arbeiten **vertrauensvoll** zum Wohl der Arbeitnehmer und des Betriebs zusammen und
- sind verpflichtet den **Betriebsfrieden** zu wahren und Arbeitnehmer vor Diskriminierungen und Benachteiligungen zu schützen.

Die allgemeinen Aufgaben des Betriebsrates beschreibt § 80 BetrVG.

In dem Fall 25 hat der Betriebsrat ohne wirtschaftliche Notwendigkeiten vertrauliche Informationen preisgegeben. Er hat damit gegen den Grundsatz der vertrauensvollen Zusammenarbeit und gegen die Geheimhaltungsvorschriften verstoßen und letztendlich auch den Betriebsfrieden gefährdet.

Übersicht 30: Wichtige Vorschriften zur Zusammenarbeit

§ 2 Abs. 1 BetrVG	**Vertrauensvolle Zusammenarbeit** zum Wohl der Arbeitnehmer und des Betriebs
§§ 79, 99 Abs. 1 Satz 3 BetrVG	**Geheimhaltungsvorschriften**
§ 74 Abs. 2 Satz 2 BetrVG	**Wahrung des Betriebsfriedens**
§ 75 BetrVG	**Schutz der Arbeitnehmer** vor Diskriminierungen und Benachteiligungen
§ 80 BetrVG	**Allgemeine Aufgaben** des Betriebsrates

Lektion 14: Arbeitsgericht und Einigungsstelle

Häufig gibt es gerade keine vertrauensvolle Zusammenarbeit zwischen Arbeitgeber und Betriebsrat. Dann werden unter anderem die Arbeitsgerichte angerufen.

Das Arbeitsgericht

Fall 26

Daniel Dax bleibt der Alte: Er ändert ohne Beteiligung des Betriebsrats den Beginn der täglichen Arbeitszeit von 7:00 Uhr auf 7:15 Uhr. Was kann der Betriebsrat dagegen unternehmen?

Grundsätzlich ist für Streitigkeiten aus dem Betriebsverfassungsgesetz nach § 2a 1 Nr. 1 ArbGG das **Arbeitsgericht** zuständig. Auch in Fällen, in denen die Einigungsstelle über Rechtsfragen entscheiden kann, können nach § 76 Abs. 7 die Arbeitsgericht angerufen werden. So weit die Einigungsstelle im Rahmen des erzwingbaren Mitbestimmungsrechts Rechtsfragen entscheidet, ist die Anrufung des Arbeitsgerichts nur nach Durchführung des Einigungsstellenverfahrens zulässig. Etwas anderes gilt nur für den Erlass einer einstweiligen Verfügung. Die Arbeitsgerichte überprüfen den Spruch der Einigungsstelle, allerdings nur auf seine Rechtmäßigkeit, nicht seine Zweckmäßigkeit. Es stellt also bei Regelungsstreitigkeiten nur die Unwirksamkeit des Spruchs fest. Der Spruch der Einigungsstelle unterliegt somit der gerichtlichen Kontrolle.

Das Arbeitsgericht entscheidet im **Beschlussverfahren** nach den §§ 80 ff. ArbGG. Die Besonderheit besteht darin, dass es neben dem Antragsteller nur Beteiligte am Verfahren gibt und dass der Amtsermittlungsgrundsatz gilt. Das Gericht muss also von sich aus den Sachverhalt aufklären.

Die nächsten Instanzen sind die Landesarbeitsgerichte (LAG) und das Bundesarbeitsgericht (BAG) in Erfurt.

Leitsatz 34

Die Arbeitsgerichte

Die Arbeitsgerichte entscheiden in Rechtstreitigkeiten zwischen Arbeitgeber und Betriebsrat im **Beschlussverfahren**. Es gilt der Amtsermittlungsgrundsatz.

In unserem Fall 26 verstößt Daniel Dax gegen § 87 Abs. 1 Nr. 2. Er kann nicht einfach den Beginn der Arbeitszeit ohne die Beteiligung seines Betriebsrats ändern. Der Betriebsrat kann nun ein Beschlussverfahren und sogar den Erlass einer einstweiligen Verfügung auf Unterlassung beim Arbeitsgericht beantragen. Will er eine Regelung herbeiführen, muss er die Einigungsstelle anrufen, die eine verbindliche Entscheidung trifft. Gegen die Entscheidung der Einigungsstelle kann dann wieder vor das Arbeitsgericht gezogen werde. Dieses entscheidet aber nur, ob der Spruch der Einigungsstelle geltendes Recht verletzt, er also zum Beispiel gegen das Arbeitszeitgesetz oder einen Tarifvertrag verstößt. Sie überprüft nicht die Zweckmäßigkeit der Entscheidung.

Übersicht 31: Entscheidungen des Arbeitsgerichts

In diesen Fällen entscheiden die Arbeitsgerichte in Streitigkeiten zwischen Arbeitgeber und Betriebsrat:

Grundsatz: Das Arbeitsgericht ist für Streitigkeiten aus dem Betriebsverfassungsgesetz zuständig.

▼

Wenn die Einigungsstelle über Rechtsfragen entscheiden kann, können nach § 76 Abs. 7 die Arbeitsgerichte angerufen werden. Im Falle der erzwingbaren Mitbestimmung allerdings erst nach Durchführung des Einigungsstellenverfahrens.

▼

Die Arbeitsgerichte überprüfen den Spruch der Einigungsstelle auf seine Rechtmäßigkeit nicht auf seine Zweckmäßigkeit.

▼

Das Arbeitsgericht ist stets für den Erlass einer einstweiligen Verfügung zuständig.

Die Einigungsstelle

Neben dem Arbeitsgericht gibt es auch noch die Einigungsstelle.

Fall 27

Daniel Dax hat aus Fall 26 gelernt. Er möchte nunmehr Überstunden anordnen und berät das mit seinem Betriebsrat. Der Betriebsrat ist jedoch der Auffassung, dass mindestens zwei neue Arbeitnehmer eingestellt werden müssen und die Anordnung von Überstunden keine Lösung sei. Was kann Daniel Dax unternehmen?

Die Einigungsstelle ist nach § 76 ein **betriebliches Schlichtungsorgan**. Durch sie soll eine sachgerechte betriebliche Regelung herbeigeführt werden. Sie kann bei Bedarf gebildet werden oder aber auch – vor allem bei größeren Unternehmen – eine ständige Einrichtung sein. Sie besteht aus einem unparteiischen Vorsitzenden, über den sich beide Seiten einigen sollen sowie aus der jeweils gleichen Zahl von Beisitzern, je zur Hälfte vom Arbeitgeber und vom Betriebsrat gestellt. Kommt keine Einigung über die Zahl der Beisitzer oder über die Person des Vorsitzenden zu Stande, entscheidet das Arbeitsgericht.

Die Einigungsstelle fasst ihre Beschlüsse nach mündlicher Beratung mit Stimmenmehrheit in nicht öffentlicher Sitzung. Die Kosten der Einigungsstelle trägt der Arbeitgeber.

In Fällen der erzwingbaren Mitbestimmung wird auf Antrag des Arbeitgebers oder des Betriebsrats die Einigung durch den Spruch der Einigungsstelle ersetzt. Er hat dann die Wirkung einer Betriebsvereinbarung.

Der Spruch der Einigungsstelle unterliegt der arbeitsgerichtlichen Kontrolle. Zu unterscheiden ist hierbei, ob es sich um eine Rechtsfrage oder um eine Regelungsfrage handelt. **Rechtsfragen** unterliegen zeitlich unbefristet und in vollem Umfang der gerichtlichen Rechtskontrolle. Bei der **Regelungsfrage** hat das Arbeitsgericht keine eigene Zweckmäßigkeitskontrolle durchzuführen, sondern hat lediglich das Überschreiten des Ermessens kontrollieren.

Leitsatz 35

Einigungsstelle

In diesen Fällen der **erzwingbaren Mitbestimmung** kann die Einigungsstelle tätig werden:

Die Einigungsstelle ist u.a. **zuständig** für:
- die zeitliche Lage von Schulungs- und Bildungsveranstaltungen
- die Freistellung von Betriebsratsmitgliedern
- die Festlegung von Zeit und Ort der Sprechstunden des Betriebsrats
- die Herabsetzung der Zahl der Gesamtbetriebsratsmitglieder, die Entscheidung von Beschwerden der Arbeitnehmer
- die in § 87 BetrVG aufgezählten Fälle der sozialen Mitbestimmung
- die Fassung und Inhalt von Personalfragebögen, persönlichen Angaben in Formulararbeitsverträgen und bei Beurteilungsgrundsätzen
- die Richtlinien zur Personalauswahl
- Fragen der Berufsbildung
- die Auskunftserteilung an den Wirtschaftsausschuss und
- die Erstellung des Sozialplans

Leitsatz 36

Die Einigungsstelle

Die Einigungsstelle ist ein **Schlichtungsorgan**. In Fällen der erzwingbaren Mitbestimmung wird auf Antrag die Einigung durch den Spruch der Einigungsstelle ersetzt. Er hat dann die Wirkung einer Betriebsvereinbarung.

In unserem **Fall 27** handelt es sich um einen Fall der erzwingbaren Mitbestimmung nach § 87 Abs. 1 Nr. 3. Nach dessen Abs. 2 ersetzt nämlich der Spruch der Einigungsstelle die Einigung. Daniel Dax kann also die Einigungsstelle anrufen, die dann entscheidet. Die Kosten dafür hat er zu tragen.

Übersicht 32: Einigungsstellenverfahren

Anrufung der Einigungsstelle um eine betriebliche Regelung zu erreichen

▼

Einigung über den Vorsitzenden und die Zahl der Beisitzer

oder

keine Einigung und Entscheidung des Arbeitsgerichts

▼

Mündliche Beratung und Beschlussfassung mit Stimmenmehrheit

▼

Spruch der Einigungsstelle kann vom Arbeitsgericht auf seine Rechtmäßigkeit überprüft werden

▼

Bei erzwingbarer Mitbestimmung ersetzt der Spruch der Einigungsstelle die Einigung zwischen Arbeitgeber und Betriebsrat

Lektion 15: Die Straftatbestände im BetrVG

Wie viele andere Gesetze sieht auch das BetrVG Straf- und Bußgeldvorschriften in den §§ 119 und 120 vor.

Fall 28

Die Wirtschaft boomt wieder. Daniel Dax will seinen Betrieb erweitern und plant den Anbau einer Halle. Den Betriebsrat weiht er vorsichtshalber nicht ein. Wie ist die Rechtslage?

Die wichtigste Vorschrift findet sich in § 119. Hier sind die Straftaten gegen die Betriebsverfassungsorgane und ihre Mitglieder normiert. Dabei sind drei Konstellationen denkbar.

Leitsatz 37

Strafbaren Handlungen nach § 119 BetrVG

§ 119 Abs. 1 Nr. 1 BetrVG	Behinderung oder Beeinflussung der **Wahl** der Betriebsverfassungsorgane
§ 119 Abs. 1 Nr. 2 BetrVG	Behinderung oder Störung der **Tätigkeit** der Betriebsverfassungsorgane
§ 119 Abs. 1 Nr. 3 BetrVG	Benachteiligung oder Begünstigung der **Mitglieder** oder Ersatzmitglieder der Betriebsverfassungsorgane

Besonders wichtig ist dabei, dass nicht nur die Benachteiligung sondern auch die Begünstigung von Betriebsratsmitgliedern strafbar ist. Die Strafvorschrift richtet sich nicht nur gegen den Arbeitgeber sondern gegen jedermann. Die Höchststrafe ist Freiheitsstrafe von einem Jahr oder eine Geldstrafe. Die Tat wird nur auf Antrag verfolgt. Die Antragsberechtigten sind in § 119 Abs. 2 aufgeführt.

Der § 120 bezieht sich zunächst auf die Geheimhaltungspflicht des § 79. Hier muss also zunächst ein Betriebs- oder Geschäftsgeheimnis vorliegen, das der Arbeitgeber ausdrücklich als geheimhaltungspflichtig bezeichnet hat. Aber auch persönliche Geheimnisse eines Arbeitnehmers darf der Betriebsrat nicht ohne weiteres verbreiten. In Abs. 3 findet sich eine Strafverschärfung, wenn eine Bereicherungsabsicht oder eine Schädigungsabsicht vorliegt. Die Tat wird allerdings nur auf Antrag des Verletzten verfolgt.

Wichtig ist auch die Bußgeldvorschrift des § 121. Teilt der Arbeitgeber entgegen seinen Pflichten **Informationen** falsch, unvollständig oder verspätet mit, begeht er eine Ordnungswidrigkeit.

Übersicht 33: Ordnungswidrigkeiten

Bei **Verstoß** gegen diese **Informationspflichten** liegt eine Ordnungswidrigkeit vor:

§ 90 Abs. 1, 2 Satz 1 BetrVG	Planung von Neubauten, technischen Anlagen, Arbeitsverfahren, Arbeitsabläufen und Arbeitsplätzen
§ 92 Abs. 1 Satz 1 BetrVG	Personalplanung
§ 99 Abs. 1 BetrVG	Personelle Einzelmaßnahmen
§ 106 Abs. 2 BetrVG	Unterrichtung des Wirtschaftsausschusses
§ 108 Abs. 5 BetrVG	Erläuterung des Jahresabschlusses
§ 110 BetrVG	Unterrichtung der Arbeitnehmer über die wirtschaftliche Lage und Entwicklung des Unternehmens
§ 111 BetrVG	Unterrichtung über geplante Betriebsänderungen

Leitsatz 38

!

Die Straf- und Bußgeldvorschriften

Behinderungen bei der Wahl und Tätigkeit von Betriebsverfassungsorganen sind **strafbar**, ebenso wie die Benachteiligung oder Begünstigung der Mitglieder der Organe und die Offenbarung von Geheimnissen. Der Arbeitgeber kann eine **Ordnungswidrigkeit** begehen, wenn er bestimmte Informationspflichten gar nicht, wahrheitswidrig, unvollständig oder verspätet erfüllt.

Im Fall 28 verstößt Daniel Dax gegen § 90. Gerade bei Neubauten ist der Betriebsrat umfassend und rechtzeitig unter Vorlage der erforderlichen Unterlagen zu unterrichten. Auch hat er die Auswirkungen der Maßnahmen auf die Arbeitnehmer mit dem Betriebsrat zu beraten. Durch die Nichtunterrichtung hat Daniel Dax sogar eine Ordnungswidrigkeit nach § 121 begangen.

Übersicht 34: Wichtige Straf- und Bußgeldvorschriften

§ 119 BetrVG	**Behinderungen** bei der Wahl und Tätigkeit von Betriebsverfassungsorganen und Benachteiligung oder Begünstigung der Mitglieder der Organe **Achtung**: Die Tat kann von jedem begangen werden!
§ 120 BetrVG	**Geheimnisverrat**
§ 121 BetrVG	Fehlerhafte oder gar **keine Information**

All dieses ist Daniel Dax bekannt. Er ist froh, dass auch Sie nun einen guten Überblick über das BetrVG haben. Er hofft, dass Ihnen das Lesen dieses Buches bisher viel Wissen vermittelt und auch ein wenig Freunde bereitet hat.

Lektion 16: Mitbestimmung außerhalb des BetrVG

Auch außerhalb des BetrVG gibt es eine Mitbestimmung. Das gilt insbesondere

- auf europäischer Ebene nach dem Europäischen Betriebsrätegesetz (EBRG) und
- in einer europäischen Gesellschaft (SE = Societas Europaea). Die Regelungen darüber finden sich im Gesetz über die Beteiligung der Arbeitnehmer in einer SE (SEBG).

Innerhalb der Bundesrepublik existieren zudem unter anderem Regelungen

- im Personalvertretungsrecht,
- im Drittelbeteiligungsgesetz,
- im Schwerbehindertenrecht und
- für leitende Angestellte im Sprecherausschussgesetz.

Der europäische Betriebsrat

Regelungen zum europäischen Betriebsrat finden sich in Deutschland im Europäischen Betriebsrätegesetz (EBRG). Er wird in Unternehmen errichtet, die in der EU mit mindestens 1000 Beschäftigten insgesamt und in zwei oder mehr Mitgliedsstaaten mit jeweils mindestens 150 Arbeitnehmern tätig sind.

Die Befugnisse und Zuständigkeiten erstrecken sich auf alle Betriebe und Unternehmen in der EU. Er ist nach § 31 EBRG für Angelegenheiten zuständig, die mindestens zwei Betriebe oder zwei Unternehmen in verschiedenen Mitgliedstaaten berühren. Die betreffenden Angelegenheiten sind in §§ 29 und 30 EBRG aufgeführt. Hauptsächlich handelt es sich dabei um Unterrichtungspflichten über die Entwicklung, die Geschäftslage und die Perspektive des Unternehmens.

Der SE-Betriebsrat

Weiterhin kann auch ein SE-Betriebsrat errichtet werden, also ein Betriebsrat in einer europäischen Gesellschaft (SE = Societas Europaea). Die Regelungen darüber finden sich im Gesetz über die Beteiligung der Arbeitnehmer in einer SE vom 22.12.2004 (SEBG).

Die Personalvertretungen

Nach § 130 gilt für Beschäftigte im öffentlichen Dienst das BetrVG nicht. Hier richtet sich die Mitbestimmungen nach den Personalvertretungsgesetzen des Bundes (BPersVG) und der Länder. Diese Gesetze sind unterschiedlich ausgestaltet. Die Personalvertretungen bestehen aus Personalräten, Bezirkspersonalräten und Gesamtpersonalräten. Im Rahmen ihrer Aufgaben können schriftliche Dienstvereinbarungen (ähnlich wie Betriebsvereinbarungen) oder aber Dienstabsprachen (ähnlich wie Betriebsabsprachen) getroffen werden. Die Beteiligungsrechte ähneln sehr denen des BetrVG. Auch hier sind Mitwirkungs- und Mitbestimmungsrechte vorhanden. Im Regelfall ist zur Durchsetzung der Mitbestimmungsrechte der Gang zur Einigungsstelle vorgesehen.

Das Sprecherausschussgesetz

Die leitenden Angestellten haben im Betrieb eine eigene gesetzliche Interessenvertretung. Das regelt das Gesetz über Sprecherausschüsse der leitenden Angestellten (SprAuG). Die leitenden Angestellten werden vom Betriebsrat nicht repräsentiert. Daher finden die allgemeinen Regelungen über die Mitwirkung und Mitbestimmung des Betriebsrats in personellen Angelegenheiten auf leitende Angestellte keine Anwendung. Mit dem SprAuG wird der besonderen Rolle der leitenden Angestellten im Betrieb Rechnung getragen. Außerdem hatten sich bereits in der Vergangenheit schon viele solcher Ausschüsse auf freiwilliger Grundlage gebildet. Das SprAuG ist dem BetrVG nachgebildet. Es gilt nach § 1 Abs. 3 SprAuG nur in Betrieben der Privatwirtschaft und findet keine Anwendung auf Religionsgemeinschaften und ihre karitativen und erzieherischen Einrichtungen unabhängig von deren Rechtsform.

Übersicht 35: Sprecherausschussgesetz

Sinn und Zweck	Die Aufgabe des Sprecherausschusses ist es, die Belange der leitenden Angestellten des Betriebes zu vertreten. Er ist zur Durchführung seiner Aufgaben rechtzeitig und umfassend vom Arbeitgeber zu unterrichten.
Übergeordnete Gremien	Ähnlich wie bei einem Betriebsrat ist ein Gesamtsprecherausschuss zu errichten, wenn in einem Unternehmen mehrere Sprecherausschüsse in verschiedenen Betrieben bestehen. Falls in einem Konzern mehrere Unternehmen mit Sprecherausschüssen vorhanden sind, ist ein Konzernsprecherausschuss zu bilden. Sie sehen also, dass ähnliche Regelungen wie im BetrVG gelten.
Die Wahl	Sprecherausschüsse werden nur in Betrieben gewählt, die mindestens 10 leitende Angestellte haben. Falls zu einem Unternehmen wenigstens ein Betrieb mit 10 leitenden Angestellten gehört, wählen auch die leitenden Angestellten aus den Betrieben mit weniger als 10 leitenden Angestellten den Sprecherausschuss mit. Und noch eine Besonderheit: Wenn das Unternehmen mehrere Beitriebe mit 10 leitenden Angestellten hat, werden die Angestellten aus Betrieben mit weniger als 10 leitenden Angestellten dem räumlich nächstgelegene sprecherausschussfähigen Betrieb zugeordnet. Damit wird sichergestellt, dass kein leitender Angestellter eines Unternehmens ohne Vertretung bleibt. Die regelmäßigen Wahlen sollen zeitgleich mit den Betriebsratswahlen alle vier Jahre stattfinden.
Die Zusammen-setzung	Der Sprecherausschuss hat nach seiner Wahl stets eine ungerade Anzahl an Mitgliedern. Die Größe des Sprecherausschusses richtet sich nach der Anzahl der leitenden Angestellten im Betrieb. Der Sprecherausschuss besteht in Betrieben mit in der Regel – 10 bis 20 leitenden Angestellten aus einer Person, – 21 bis 100 leitenden Angestellten aus drei Mitgliedern, – 101 bis 300 leitenden Angestellten aus fünf Mitglie-dern,

	– über 300 leitenden Angestellten aus sieben Mitgliedern. Männer und Frauen sollen entsprechend dem zahlenmäßigen Verhältnis im Sprecherausschuss vertreten sein.
Rechte und Pflichten der Mitglieder	Auch die Mitglieder des Sprecherausschusses dürfen in der Ausübung ihrer Tätigkeit nicht gestört oder behindert und wegen ihrer Tätigkeit weder benachteiligt noch begünstigt werden. Sie haben auch einen Anspruch auf Arbeitsfreistellung ohne Minderung des Arbeitsentgelts. Die durch die Tätigkeit des Sprecherausschusses entstehenden Kosten trägt der Arbeitgeber. Für die Sitzungen und die laufende Geschäftsführung hat der Arbeitgeber entsprechende Räume, Mittel und Personal zur Verfügung zu stellen. Die Mitglieder haben die Pflicht zur Geheimhaltung von Betriebs- und Geschäftsgeheimnissen. Sie genießen aber keinen besonderen Kündigungsschutz. Scheidet ein Mitglied aus, rückt ein Ersatzmitglied nach.
Die Geschäftsführung	Der Sprecherausschuss wählt aus seiner Mitte den Vorsitzenden und dessen Stellvertreter. Der Vorsitzende vertritt den Sprecherausschuss.
Die Aufgaben	Zunächst wird einmal im Jahr eine Versammlung der leitenden Angestellten einberufen werden und es muss ein Tätigkeitsbericht erstattet werden. Der Sprecherausschuss hat mit dem Arbeitgeber vertrauensvoll zusammen zu arbeiten und er hat die Friedenspflicht zu wahren. Mit dem Arbeitgeber zusammen hat er darüber zu wachen, dass alle leitenden Angestellten nach Recht und Billigkeit behandelt werden.
Die Befugnisse	Das Gesetz billigt dem Sprecherausschuss keine echten Mitbestimmungsrechte zu, allerdings eine Reihe von Unterrichtungs- und Beratungsrechten. Das gilt insbesondere für die Änderung allgemeiner Arbeitsbedingungen, die Einführung oder Änderung allgemeiner Beurteilungsgrundsätze sowie für die wirtschaftlichen Angelegenheiten des Betriebs oder Unternehmens. Vor jeder Kündigung eines leitenden Angestellten ist der Sprecherausschuss zu hören. Bei personellen Maßnahmen ist er zu beteiligen. Eine beabsichtigte Einstellung und personelle Veränderung eines leitenden Angestellten ist ihm mitzuteilen.

Richtlinien	Zwischen Sprecherausschuss und Arbeitgeber können schriftliche Richtlinien vereinbart werden, die den Inhalt, den Abschluss oder die Beendigung von Arbeitsverhältnissen der leitenden Angestellten betreffen. Der Inhalt der Richtlinie gilt wie eine Betriebsvereinbarung.
Wirtschaftliche Angelegenheiten	Mindestens einmal im Kalenderjahr hat der Unternehmer den Sprecherausschuss über die wirtschaftlichen Angelegenheiten des Betriebs und des Unternehmens zu unterrichten.
Sanktionen	Die Straf- und Bußgeldvorschriften sind die denen des BetrVG nachgebildet.

Das Drittelbeteiligungsgesetz

Abschließend sei das Drittelbeteiligungsgesetz genannt. Es gibt Arbeitnehmern in Aktiengesellschaften, Kommanditgesellschaften auf Aktien, GmbHs und Versicherungsvereinen auf Gegenseitigkeit mit jeweils mehr als 500 Mitarbeitern ein Mitbestimmungsrecht im Aufsichtsrat der Gesellschaften, der zu einem Drittel aus Arbeitnehmern bestehen muss.

Das Schwerbehindertenrecht

Im Schwerbehindertenrecht besteht ebenfalls eine Mitarbeitervertretung: die Schwerbehindertenvertretung. Sie ist nach den §§ 94 – 97 SGB IX die gewählte Interessenvertretung der schwerbehinderten und ihnen gleichgestellten Beschäftigten.

Die **Schwerbehindertenvertretung** hat eine Vielzahl gesetzlicher Aufgaben, aber auch Rechte. In den folgenden wichtigsten Fällen sind Sie als Schwerbehindertenvertretung zu berücksichtigen und zu beteiligen nach § 95 Abs. 1 SGB IX.

Die Schwerbehindertenvertretung

- fördert die Eingliederung schwerbehinderter Menschen im Betrieb,

- vertritt deren Interessen im Betrieb und steht ihnen beratend und helfend zur Seite,
- wacht z.B. darüber, dass die zu Gunsten schwerbehinderter Menschen geltenden Rechtsvorschriften durchgeführt werden,
- beantragt Maßnahmen, die den schwerbehinderten Menschen dienen, insbesondere solche präventiver Art, bei den zuständigen Stellen,
- nimmt Anregungen und Beschwerden von schwerbehinderten Menschen entgegen und wirkt, falls sie berechtigt erscheinen, durch Verhandlung mit dem Arbeitgeber auf deren Erledigung hin,
- ist in allen Angelegenheiten, die einen Einzelnen oder die schwerbehinderten Menschen als Gruppe betreffen, zu unterrichten und anzuhören,
- ist an dem Verfahren zur Prüfung, ob ein freier Arbeitsplatz mit einem schwerbehinderten Menschen besetzt werden kann, zu beteiligen,
- ist auch für den Fall, dass sich ein schwerbehinderter Mensch bewirbt, zu beteiligen. Dabei hat sie das Recht auf Einsicht in die Bewerbungsunterlagen und Teilnahme am Vorstellungsgespräch,
- ist dann zu beteiligen, falls Schwierigkeiten in Bezug auf das Arbeitsverhältnis mit einem schwerbehinderten Mitarbeiter entstehen. In diesem Fall ist sie von Ihrem Arbeitgeber schon frühzeitig zu beteiligen, um eine dauerhafte Fortsetzung des Arbeitsverhältnisses zu ermöglichen. Entsprechendes gilt bei einer längeren Arbeitsunfähigkeit,
- ist ebenfalls zu beteiligen, wenn das Arbeitsverhältnis eines schwerbehinderten Menschen gekündigt werden soll.

Übersicht 36: Mitbestimmung außerhalb des BetrVG

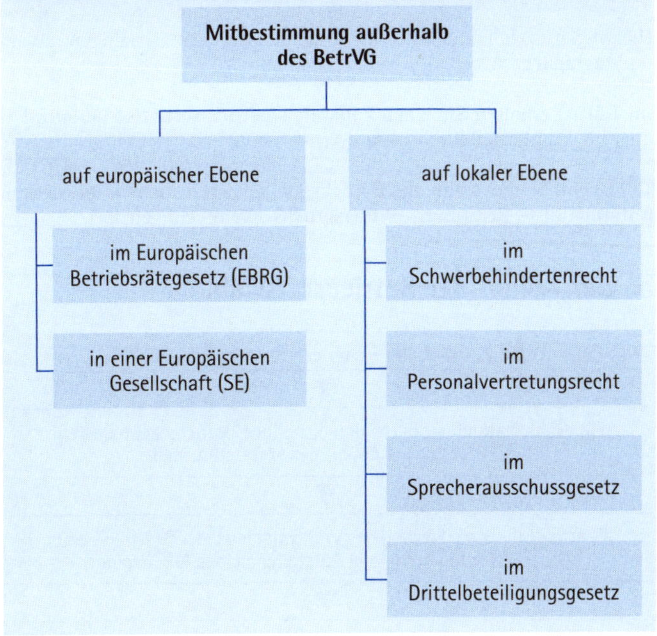

IV. Serviceteil

Hier im Serviceteil finden sich die konkreten Arbeitsmaterialien für Wahl und tagtägliche Arbeit.

Im Teil A) erhalten Sie einen konkreten zeitlich sortierten Ablaufplan über die Wahl des Betriebsrats.

Teil B) enthält die Rechte des Betriebsrats, sortiert in sieben Übersichten (Informations-, Beratungs-, Widerspruchs-, Vetorechte etc.).

A) Der Ablauf der Betriebsratswahl

Die Amtszeit des bisherigen Betriebsrats endet.

▼

Ein Wahlvorstand wir durch den bisherigen Betriebsrat spätestens 10 Wochen vor Ablauf der Amtszeit bestellt.

▼

Es erfolgt die erste Sitzung des Wahlvorstands, der Beschluss einer Geschäftsordnung und die Aufstellung eines Arbeitsplans.

▼

Die Maßnahmen zur Einleitung der Wahl erfolgen:

Aufstellung der Wählerliste getrennt nach dem Geschlecht

Festlegung der Zahl der wahlberechtigten Arbeitnehmer

Festlegung der Zahl der zu wählenden Betriebsratsmitglieder

Festlegung der Mindestsitze für das Minderheitengeschlecht

Festlegung von Ort, Tag und Zeit der Stimmauszählung

▼

Das Wahlausschreiben wird spätestens sechs Wochen vor dem Tag der ersten Stimmabgabe erlassen und bekannt gemacht.

▼

Es erfolgt gleichzeitig die Bekanntmachung der Wählerliste und der Wahlordnung.

▼

Dann kommt der letzter Tag für Einsprüche gegen die Richtigkeit der Wählerliste und

▼

der letzter Tag für die Einreichung von Wahlvorschlägen.

▼

Der Wahlvorstand prüft die Wahlvorschläge.

▼

Es kommt bei Bedarf zu einer Aufforderung zur Erklärung, welche Unterschrift bei Unterzeichnung mehrerer Wahlvorschläge aufrechterhalten bleiben soll unter Setzung einer angemessenen Frist von längstens drei Arbeitstagen und

▼

bei Bedarf zu einer Aufforderung zur Erklärung, welche Kandidatur bei Bewerbungen auf mehreren Vorschlagslisten aufrechterhalten werden soll und

▼

bei Bedarf zu einer Mitteilungen über Ungültigkeit oder Beanstandung von Wahlvorschlägen gegenüber dem jeweiligen Listenvertreter und

▼

bei Bedarf zu einer Einladung der Listenvertreter zur Losentscheidung über die Reihenfolge der Ordnungsnummern der Vorschlagslisten, falls mehrere gültige Listen eingegangen sind und

▼

bei Bedarf zur Auslosung der Ordnungsnummern der Vorschlagslisten.

▼

Sodann müssen die Wahlvorschläge spätestens eine Woche vor dem Tag der ersten Stimmabgabe bekannt gemacht werden.

▼

Es folgen die organisatorischen Wahlvorbereitungen: Anfertigung von Stimmzetteln und Wahlumschlägen sowie Beschaffung Wahlurnen, Einrichtung des Wahllokals.

▼

Die Wahlunterlagen für die schriftliche Stimmabgabe werden versandt.

▼

Dann kommt der letzter Tag für die Mitteilung von Entscheidungen über Einsprüche gegen Wählerlisten.

▼

Danach erfolgt die Versendung der Wahlunterlagen für die schriftliche Stimmabgabe.

▼

Vor der Wahl ist der letzter Tag für die Mitteilung von Entscheidungen über Einsprüche gegen die Wählerliste zu beachten.

▼

Tag der Wahl

▼

Nach der Wahl kommt die Öffnung der „großen" Umschläge und Entnahme der Wahlumschläge der Briefwähler.

▼

Es folgt die öffentliche Stimmauszählung,

▼

danach die Freistellung und Niederschrift des Wahlergebnisses durch den Wahlvorstand und

▼

die schriftliche Benachrichtigung der Gewählten von der Wahl.

▼

Am Tag nach dem letzten Tag der Stimmabgabe werden die bisheriger Bekanntmachungen abgenommen bzw. gelöscht.

▼

Binnen drei Arbeitstagen gibt es die Möglichkeit zur Ablehnung der Wahl.

▼

Danach erfolgt die Bekanntmachung der Gewählten durch Aushang und

▼

die Übersendung je einer Abschrift der Wahlniederschrift an den Arbeitgeber sowie an die im Betrieb vertretenen Gewerkschaften.

▼

Noch vor Ablauf von einer Woche nach dem Wahltag wird die konstituierenden Sitzung des gewählten Betriebsrats einberufen.

▼

Zwei Wochen nach Bekanntgabe des Wahlergebnisses ist der letzte Tag für die Anfechtung der Wahl.

▼

Abschließend erfolgt die Abnahme der Bekanntmachung der gewählten Betriebsratsmitglieder und

▼

die Vernichtung verspätet eingegangener Briefwahlumschläge.

▼

Die Wahlakten werden mindestens bis zur Beendigung der Amtszeit des gewählten Betriebsrats aufbewahrt.

B) Die Rechte des Betriebsrats

Die Informationsrechte des Betriebsrats

§ 80 Abs. 1 Nr. 1 BetrVG	Allgemeines Informationsrecht zur Durchführung seiner Aufgaben
§ 85 Abs. 3 BetrVG	Unterrichtung über die Behandlung von Beschwerden
§ 89 Abs. 4 BetrVG	Unterrichtung über Gespräche zwischen dem Arbeitgeber und den Sicherheitsbeauftragten
§ 89 Abs. 6 BetrVG	Vorlage der Durchschrift einer Unfallanzeige
§ 90 BetrVG	Unterrichtung über Planung von Neu-, Um- und Erweiterungsbauten sowie für technische Anlagen, Fabrikations- und Fertigungsmethoden sowie Arbeitsplätze
§ 92 Abs. 1 BetrVG	Unterrichtung über die Personalplanung
§ 99 Abs. 1 BetrVG	Unterrichtung bei personellen Einzelmaßnahmen (Einstellung, Eingruppierung, Umgruppierung und Versetzung)
§ 100 Abs. 2 BetrVG	Unterrichtung bei vorläufiger Durchführung von personellen Einzelmaßnahmen
§ 7 Abs. 3 Teilzeit- und Befristungsgesetz	Unterrichtung über Vorhandensein und Planung von Teilzeitarbeitsplätzen
§ 102 Abs. 1 BetrVG	Unterrichtung vor Ausspruch einer Kündigung

§ 105 BetrVG	Unterrichtung bei Einstellung oder personeller Veränderung eines leitenden Angestellten
§ 106 BetrVG	Wirtschaftsausschuss: Unterrichtung über wirtschaftliche Angelegenheiten
§ 108 Abs. 5 BetrVG	Wirtschaftsausschuss: Erläuterung des Jahresabschlusses
§ 111 BetrVG	Unterrichtung über geplante Betriebsänderungen

Die Beratungsrechte des Betriebsrats

§ 89 BetrVG	bei Maßnahmen des Unfallschutzes
§ 90 BetrVG	bei Investitionen
§ 92 BetrVG	im Rahmen der Personalplanung
§ 92a BetrVG	nach Vorschlägen zur Beschäftigungssicherung
§ 96 Abs. 1 BetrVG	bei Förderung der Berufsbildung
§ 97 BetrVG	bei Berufsbildungsmaßnahmen
§ 106 Abs. 1 BetrVG	bei wirtschaftlichen Angelegenheiten auf dem Weg über den Wirtschaftsausschuss
§ 111 Abs. 1 BetrVG	bei Betriebsänderungen

Die Initiativrechte des Betriebsrats

§ 87 Abs. 1 BetrVG	im Rahmen der Mitbestimmung
§ 92 Abs. 2 BetrVG	für die Einführung der Personalplanung
§ 92 Abs. 3 i. V. m. § 80 Abs. 1 Nr. 2a, b BetrVG	für die tatsächliche Durchsetzung der Gleichstellung von Frauen und Männern und die Förderung der Vereinbarung von Familie und Erwerbstätigen
§ 92a Abs. 1 BetrVG	für Vorschläge zur Beschäftigungssicherung
§ 93 BetrVG	bei der Ausschreibung von Arbeitsplätzen
§ 95 BetrVG	bei der Aufstellung von Auswahlrichtlinien
§ 96 BetrVG	bei der Förderung der Berufsbildung
§ 98 Abs. 3 BetrVG	für die Teilnahme an Berufsbildungsmaßnahmen

Die Widerspruchs- und Vetorechte des Betriebsrats

Wenn dem Betriebsrat ein Widerspruchs- oder Vetorecht eingeräumt ist, kann er der Durchführung einer Maßnahme widersprechen. Ein Widerspruchsrecht hat er insbesondere bei

§ 99 Abs. 2 BetrVG	Einstellungen, Eingruppierungen, Umgruppierungen oder Versetzungen
§ 102 Abs. 5 BetrVG	Kündigungen

Die Mitbestimmungsrechte des Betriebsrats

§ 87 Abs. 1 BetrVG	in sozialen Angelegenheiten
§ 94 BetrVG	bei Personalfragebogen und Formularverträgen
§ 95 Abs. 1, 2 BetrVG	bei Auswahlrichtlinien
§ 94 Abs. 2 BetrVG	bei der Aufstellung von Beurteilungsgrundsätzen
§ 98 BetrVG	bei der Durchführung betrieblicher Bildungsmaßnahmen
§ 99 BetrVG	bei personellen Einzelmaßnahmen
§ 102 Abs. 4 BetrVG	bei Kündigung, wenn dies durch eine Betriebsvereinbarung vorgesehen ist
§ 103 BetrVG	bei der außerordentlichen Kündigung und Versetzung von Mitgliedern der Betriebsverfassungsorgane

Erzwingbare Mitbestimmungsrechte des Betriebsrats

§ 39 Abs. 1, § 69 BetrVG	Vereinbarung über Zeit und Ort von Sprechstunden
§ 47 V, VI, § 55 IV, § 72 VI, § 73a IV BetrVG	Festsetzung der Mitgliederzahl des Gesamtbetriebsrats/Konzernbetriebsrats und der Gesamt-Jugend- und Auszubildendenvertretung/ Konzern-Jugend und Auszubildendenvertretung
§ 87 BetrVG	Soziale Angelegenheiten

§ 91 BetrVG	Maßnahmen zur Milderung oder zum Ausgleich von Verstößen gegen menschengerechte Gestaltung der Arbeitsplätze
§ 94 BetrVG	Ausgestaltung von Personalfragebogen
§ 95 Abs. 2 BetrVG	Aufstellung personeller Auswahlrichtlinien in Betrieben mit mehr als 500 Arbeitnehmern
§ 98 BetrVG	Durchführung von Maßnahmen der beruflichen Bildung
§ 112 Abs. 1, 4 BetrVG	Aufstellung eines Sozialplans unter bestimmten Voraussetzungen.

Beispiele für erzwingbare und freiwillige Betriebsvereinbarungen

Erzwingbare Betriebsvereinbarungen (Beispiele)

§§ 85, 86 BetrVG	Beschwerdeverfahren
§ 87 BetrVG	Soziale Angelegenheiten
§ 94 BetrVG	Beurteilungsgrundsätze
§ 98 BetrVG	Auswahl für betriebliche Bildungsmaßnahmen
§§ 106, 109 BetrVG	Wirtschaftsausschuss
§ 112 BetrVG	Sozialplan; Ausnahme: In Betrieben mit nicht mehr als 20 Beschäftigten kann kein Sozialplan erzwungen werden. Er ist aber als freiwillige Betriebsvereinbarung zulässig.

Freiwillige Betriebsvereinbarungen (Beispiele)	
§ 88 Nr. 1 BetrVG	Verhütung von Unfällen und Gesundheitsschäden
§ 88 Abs. 1a BetrVG	Betrieblicher Umweltschutz
§ 88 Nr. 2 BetrVG	Errichtung von Sozialeinrichtungen
§ 88 Nr. 3 BetrVG	Förderung der Vermögensbildung
§ 75 BetrVG	Integration ausländischer Arbeitnehmer
Nicht geregelt	Zahlung einer Weihnachtsgratifikation oder von Prämien, sofern tarifvertraglich nicht geregelt bzw. Öffnungsklausel vorhanden

A

B

D

E

F

G

T

U

V

W

Z